KB274158

방랑 백수, 세계일주로 5천억 부자 되다

**방랑 백수, 세계일주로
5천억 부자 되다**

지은이 나카무라 시게오
옮긴이 서혜영
1판 1쇄 인쇄 2011. 10. 26
1판 1쇄 발행 2011. 11. 3

발행처_ 김영사 • 발행인_ 박은주 • 등록번호_ 제406-2003-036호 • 등록일자_ 1979. 5. 17 • 경기도 파주시 교하읍 문발리 출판단지 515-1 우편번호 413-756 • 마케팅부 031)955-3100, 편집부 031)955-3250, 팩시밀리 031)955-3111 • 이 책의 한국어판 저작권은 B&B Agency를 통한 Diamond, Inc.와의 독점 계약에 의해 김영사에 있습니다. 저작권법에 의해 한국 내에서 보호를 받는 저작물이므로 무단 전재와 무단 복제를 금합니다.

값은 뒤표지에 있습니다. ISBN 978-89-349-5528-3 03320 • 독자의견 전화_ 031)955-3200 • 홈페이지_ http://www.gimmyoung.com • 이메일_ bestbook@gimmyoung.com • 좋은 독자가 좋은 책을 만듭니다 • 김영사는 독자 여러분의 의견에 항상 귀 기울이고 있습니다.

방랑 백수, 세계일주로 5천억 부자 되다

나카무라 시게오 | 서혜영 옮김

김영사

'방랑 백수'였던 내가
매출 340억 엔 회사의 사장이 되다!

'보물의 산'을 찾아 4000킬로미터를 달리다

2007년 여름, 나는 중앙아시아의 키르기스스탄을 찾았다.

나의 운명이 갈릴 한판 승부가 기다리는 곳이었다.

비행기에서 내려 사륜구동 차에 올라탔다. 한 번도 본 적이 없는 보물의 산을 찾아가는 4000킬로미터 여행의 출발이다.

카자흐스탄의 대도시 알마티로부터 톈산 산맥의 북측을 달려 키르기스스탄 최대의 광산 카담자이까지 가는 일정이다.

몇 년 전까지만 해도 키르기스스탄은 희소금속으로 주목받는 나라였다.

그런데 수 년 전, 광산 개발에 종사하던 일본인 기술자가 게릴라의 습격을 받아 인질로 잡히는 사건이 발생했다. 인질은 무사히 돌아왔으나 이것을 계기로 모든 프로젝트가 중단되었고, 그 후 일본 외무성은 키르기스스탄을 '위험지대'로 지정하여 여행을 제한했다.

하지만 키르기스스탄은 여전히 희소금속 자원의 보고였다.

국토의 크기는 대략 일본의 반 정도지만 예전 소련의 거대 군사 산업을 뒷받침하던 희소금속이 이곳에 대량으로 잠들어 있다. 안티몬 매장량은 세계 4위, 텅스텐은 7위, 몰리브덴은 10위이다.

이번에 내가 노리는 것은 안티몬이라는 희소금속이다.

안티몬을 섞어 플라스틱을 만들면 불에 강해져서 잘 타지 않는다. 현재 대부분의 가전제품에 소재로 사용되는데, 공급량이 부족한 탓에 요 몇 년 사이에 가격이 급등했다.

게릴라 협상으로 희소금속을 매점하다

목적지까지 1000킬로미터를 남겨두고 차가 타시코무르라는 동네에 들어갔을 때, 뭔가가 번뜩 눈에 띄었다.

"뭐야, 저건?"

공장 건물 같았다.

"이봐, 저기 들러보자고."

안에 들어가 보고 놀랐다.

예전에 군사용 반도체를 만들던 공장이 지금도 조금씩 조업을 하고 있었던 것이다.

나는 공장 한쪽 구석에 폴리 크리스털 실리콘이 쌓여 있는 것을 발견했다.

그것은 반도체 공정에 반드시 들어가야 하는 희소금속 함유 소재

   방랑 백수, 세계일주로 5천억 부자 되다

였다.

"이거 돈 되겠는데!"

나는 바로 공장 사장과 상담을 시작했다.

예정 외의 게릴라 협상이다!

"여기 있는 폴리 크리스털 실리콘을 모두 사고 싶습니다."

설마 키르기스스탄의 산속에 고품질의 실리콘이 잠들어 있을 줄이야. 현장을 돌아다녀 보지 않고는 도저히 찾아낼 수 없는 보물이다.

나는 그 자리에서 가계약을 맺었다.

목적지로 가는 도중에 예정에 없던 맛있는 장사거리를 발견하다니, 정말로 키르기스스탄은 보물의 나라다!

'현장·현물·현실' 협상으로 보물을 얻다!

거의 4000킬로미터를 달리고 나니 드디어 목적지가 보이기 시작했다.

광산 도시 카담자이의 녹슨 공장. 주변에는 안티몬 광산이 우뚝 솟아 있다.

공장의 전성기는 1970년대였다. 그 후 구소련의 붕괴와 함께 자금이 끊어졌고, 광산은 있으나 채굴은 할 수 없는 상태로 방치되다시피 하고 있었다.

'키르기스스탄에는 일본에 없는 희소금속이 있다. 한편 일본에는

키르기스스탄의 자원을 개발할 기술과 돈이 있다. 일본과 키르기스스탄의 국익은 찰떡궁합이다.'

나는 광석을 파내는 현장을 눈으로 직접 확인하기로 했다.

직접 보고 결정하는 것이 나의 원칙이다. 장사는 '현장·현물·현실' 협상이다.

지하의 채굴 현장으로 이어지는 엘리베이터는 당장이라도 떨어져 내릴 것 같았다.

지하로 내려가는 내내 금속이 스치는 둔한 소리를 냈다.

지상의 기온은 30도였으나 지하로 내려가면서 점차 서늘해졌다.

15분쯤 지났을 무렵 엘리베이터가 멈췄다.

지하 810미터.

여기서부터 옆으로 갱도가 뻗어 있다.

안내하는 공장장이 말했다.

"채굴 현장까지는 한 시간 가까이 걸어가야 하는데, 가겠습니까?"

"당연하지요. 현물을 직접 보기 전에는 아무것도 시작할 수 없습니다!"

사람이 겨우 빠져나갈 정도의 갱도를 손전등 불빛에 의지하며 걸어갔다. 천장에는 군데군데 낙반 방지를 위한 보강이 되어 있었다.

한 시간쯤 걷자 정면에 흐릿하게 푸른빛이 보이기 시작했다.

여기가 채굴 현장이다!

작업원이 혼자서 광석을 깎아내고 있었다.

광석을 보니 결정이 반짝였다.

'좋았어! 보물을 발견했어.'

물건은 확인됐다. 남은 것은 물건을 얼마에 손에 넣는가이다.

드디어 빅 비즈니스 협상이 시작됐다.

테이블에 앉은 사장은 다시 안티몬 광석 결정을 보여주었다. 이것이 연간 3000톤 정도 나온다고 했다. 공장 측은 품질에 대해서는 절대적인 자신감을 표했다.

"우선은 샘플이 필요해요."

"대량 거래를 하실 거면 싸게 해드리겠지만, 샘플 정도의 양을 싸게 파는 건 무리입니다."

"샘플을 테스트하려면 비싼 비용이 들어요. 우리도 적자를 볼 수는 없지요. 그러니까 우선 샘플을 사겠습니다. 그게 품질이 좋으면 매월 100톤씩 사겠습니다."

끈질긴 협상 끝에 결국 내가 제시한 액수로 가격이 결정됐다.

'샘플의 품질에 문제가 없으면'이라는 단서 하에 월 100톤, 3000만 엔의 계약을 맺었다. 아울러 이 공장의 상품을 독점적으로 취급하는 총대리점 계약도 맺었다.

그러나 여행은 아직 끝난 게 아니다. 이제부터 국경을 넘어 카자흐스탄으로 들어가, 거기서 알마티, 그리고 중국으로 여행을 계속할 예정이다. 방랑 여행의 행선지에는 보물이 기다리고 있다.

나는 '방랑 백수'였다.

'방랑 백수'란 한 장소에 계속 머무는 '정주(定住) 백수'와 달리, 전 세계 여기저기를 방황하며 돌아다니는 백수다.

나는 22세 때 해외 방랑 여행에 나섰다. 이때는 거의 무일푼이었다.

브라질을 중심으로 하여 세계 35개국을 돌고 마지막으로 인도에 도착했을 때에는 헐렁한 자루 하나가 내가 가진 짐의 전부였다.

상사(商社)에 취직한 후에도 세계 방랑은 계속됐다.

주로 희소금속 자원을 찾아서 중국, 러시아, 중앙아시아, 캐나다, 남아메리카, 아프리카, 오세아니아 등 온 세계를 돌아다녔다.

그 후 54세 때 회사에서 잘렸다.

54세의 남자가 새로이 찾을 수 있는 직업은 어떤 걸까. 경비원? 청소 업무? 연봉은 잘해 봤자 지금까지의 반도 안 될 것이다.

나는 패자부활전에 도전하기로 마음먹었다.

좋다, 희소금속으로 한밑천 잡아보자. 일본 최초의 희소금속 전문 상사를 세우는 거다.

그렇게 회사를 세운 후 지금까지 보물의 산을 찾아 세계를 방랑하고 있다.

지금까지 방문한 나라는 90개국. 각지에서 희소금속을 사들였는데, 희소금속의 가격이 폭등하며 회사는 크게 성장했다.

연간 매출액은 첫해에 79억 엔, 두 번째 해에 135억 엔, 세 번째 해에 270억 엔, 그리고 네 번째 해에 340억 엔. 경상이익은 9억 엔에 달했다.

'방랑 백수'가 연간 매출액 340억 엔(한화로 약 5천 억) 사장이 된 것이다!

일본식 조어로 '니트족'이란 말이 있는데, 이것은 '교육도 직업 훈련도 받지 않는 젊은 백수'(Not currently engaged in Employment, Education or Training)라는 말의 영문 머리글자를 따서 만든 말이다.

그러나 일본의 니트족은 충분한 교육을 받았다. 그러므로 일본의 니트족은 '직업 훈련을 받지 않으며 공감력이 모자라는 무직의 젊은 백수'(Not currently engaged in Employment, Empathy or Training)라고 생각한다.

부족한 것은 교육이 아니라 타인에게 공감하는 힘이다. 공감하는 힘이 없기 때문에 모든 일에 정열이 부족하여 그 결과 '무직이지만 직업 훈련을 받지 않으며 노력도 하지 않는 젊은이'(Not currently engaged in Employment, Effort or Training)가 되는 것이다.

나도 옛날에는 '직업 훈련을 받지 않으며 공감력이 모자라는 무직의 젊은이'였으며, '고등교육을 받았어도 자각이 없고 노력을 못하는 젊은이'였다.

대학은 졸업했으나 바로 사회로 나가고 싶지 않았다. 고생은 뒤로 미루고 좀 더 즐기고 싶었다.

그러던 어느 날, 나는 결국 '방랑 백수'가 되기로 마음먹었다.

그건 솔직히 말하자면 해외로의 도피에 지나지 않았다. 조금이라도 사회 참여를 늦추기 위한 방편이었던 것이다.

그런데 놀랍게도 이 선택이 내 의식을 변혁시키는 원점이 되었고, 그때의 경험이 지금 나의 피가 되고 살이 되었다. '1000분의 3'의 세계에서 보물의 산을 찾아내고, 백전노장 비즈니스맨과의 협상을 승리로 이끌 수 있는 힘이 되었다.

'방랑 백수'가 매출 340억 엔 회사의 사장이 된 것이 우연이 아니라, 그야말로 '방랑 백수'였기에 매출 340억 사장이 되었다는 이야기다.

'방랑 백수'를 경험하면 사고방식이 바뀐다.

나 자신도 처음에는 무엇을 봐도 덤덤하기만 했는데, 세계를 여행하는 사이에 '사람의 정'이나 '자연에서 배우는 감동'이 나를 바꾼다는 것을 알게 되었다.

낯선 장소를 보는 즐거움, 새로운 친구를 만나는 기쁨, 의외의 나를 발견하는 감동, 과거와의 결별이라는 쾌감, 열등감으로부터의 해방 등, 다양한 기쁨과 즐거움을 경험하면서 나는 조금씩 변해갔고, 그 과정에서 숨어 있는 보물을 찾아내는 통찰력, 지구 반대편까지 달려가는 행동력, 그리고 매사를 유연하게 생각하는 힘을 체득하게 되었다.

그 밖에도 미지의 세계를 느끼는 것, 자유롭게 발상하는 것, 공감하는 것, 정열을 잃지 않는 것, 밖에서 일본을 바라보는 것 등을 통해 풍부한 감성을 닦을 수 있었다. 덕분에 장사도 잘하게 되어 원하는 만큼 돈을 벌 수 있게 되었다.

무엇보다도 즐겁다. '방랑 백수'가 되면 백배 즐거운 인생을 살 수 있다.

나의 삶을 보고 누군가가 '이런 재미있는 아저씨가 있구나', '나도 방랑해 보고 싶다'는 생각을 할 수 있게 된다면 그보다 기쁜 일은 없을 것이다.

2009년 9월

나카무라 시게오

放　浪　白　手

'1000분의 3' 세계에서
보물을 찾아내자!

✦✦✦ 우리 회사는 일본에서 희소금속을 가장 많이 수입하는 회사다. 희소금속이란 산출량이 적은 '희소한 금속'의 총칭이다. 산출국은 중국, 러시아 등에 편중되어 있다. 희소금속은 일본의 제조업에 없어서는 안 되는 소재다. 하이브리드 자동차나 각종 하이테크 상품은 희소금속 없이는 만들 수 없다.

러시아 땅속에
세계가 탐내는 보물이 잠들어 있다

시장에서 모습을 감춘 금화, 희소금속이란?

우리 회사는 일본에서 희소금속을 가장 많이 수입하는 회사다.

희소금속이란 산출량이 적은 '희소한 금속'의 총칭이다. 산출국은 중국, 러시아, 중앙아시아, 남아프리카 등에 편중되어 있다.

희소금속은 일본의 제조업에 없어서는 안 되는 소재다. 하이브리드 자동차나 각종 하이테크 상품은 희소금속 없이는 만들 수 없다.

예를 들어 휴대전화가 소형화되고 얇아질 수 있는 것도 희소금속 덕분이다.

휴대전화의 진동모드가 작동하려면 텅스텐이라는 희소금속이 있어야 한다. 텅스텐은 철보다 2.5배 무겁다.

휴대전화의 진동 신호는 초소형 모터의 끝에 달린 텅스텐 추를 회전시켜 만든다. 만약 텅스텐 대신에 철을 써야 한다면 무게를 맞추기 위해 커다란 철 덩어리가 필요하므로 휴대전화도 그만큼 커질 수밖에 없다.

액정 화면을 만드는 데에는 인듐이라는 희소금속이 필요하다.

본체에는 안티몬, 마이크와 스피커에는 네오디뮴, 전지에는 코발트, 콘덴서에는 탄탈 등, 휴대전화 하나를 만드는 데에만 열 종류 이상의 희소금속이 들어간다.

슬림형 텔레비전 패널에는 인듐이 사용된다. 텔레비전 화면에서는 작은 점이 전기에 의해 발광하거나 사라지거나 하는데, 이렇게 전기가 통하는 투명 막을 만들려면 인듐이 있어야 한다.

자동차에도 희소금속이 필요하다. 차체에 니오브를 사용하면 유선형으로 가공하기 쉬워진다. 네오디뮴은 하이브리드 자동차에 꼭 필요한 희소금속이다. 네오디뮴이 없으면 도요타의 프리우스도 혼다의 인사이트도 만들 수 없다.

최첨단 제품을 수없이 생산하는 일본은 전 세계 희소금속의 반 가까이를 소비하는 '세계 최대의 희소금속 소비국'이다.

그러나 일본에서는 희소금속이 나지 않는다.

일본은 전자재료 기술에서는 매우 뛰어난 실력을 갖고 있지만 원료가 되는 귀중한 희소금속 자원은 여러 나라, 특히 중국에 의존해야 했다.

그러나 그 희소금속이 시장에서 사라져 버렸다.

중국은 지금까지는 희소금속을 수출해 왔는데, 중국 자체 내에서 하이테크 산업이 성장하면서 중국 국내의 소비량이 증가하였다.

그러자 중국은 희소금속을 수출하기는커녕, 오히려 수입하기 시작했다.

그래서 지금은 중국의 금속 메이커, 금속을 취급하는 상사가 희소금속을 확보하기 위해 세계 곳곳을 뛰어다니는 형편이다. 미국에 정련공장을 세우거나 남미의 광산 개발에 자본 참가를 하는 등, 중국이 전 세계의 희소금속을 독점하기 시작했다.

시장에서는 당연히 희소금속이 모습을 감추고, 가격은 하루하루 올라갔다.

'1000분의 3'을 찾아 세계의 끝까지

나는 전 세계를 돌아다니며 희소금속 광석을 찾고 사들이는 일을 한다.

산업국인 일본의 위치를 지키기 위해 떨쳐 일어선 '현대의 야마시'(山師, 우리말로는 '덕대'에 해당한다. 역자 주).

그러나 광산 개발은 큰 도박이다.

광산 개발은 '1000분의 3의 세계'라고 일컬어질 정도로 성공 확률이 낮다. 자금 협력자를 고객으로 찾아내어 리스크를 최대한으로 줄이면서 목숨을 걸고 승부한다. 거기에서 로망을 느끼는 사람이 진짜 '야마시'다.

2004년 1월, 나는 일본 초유의 희소금속 전문상사 '어드밴스트머티리얼저팬'(이하 AMJ)을 세웠다.

'희소금속으로 새로운 사업을 일으키겠다!'라고 마음먹은 후, 중국 기업의 내부로 뛰어 들어가 희소금속을 확보하기도 하고 새로운 구입 루트를 개척하기도 하는 등 독자적인 방법으로 일본에 희소금속을 공급했다.

희소금속은 중국 외의 나라에도 있다. 그러한 지역을 방랑하며 광산을 개발하는 것이다.

예를 들어 다이아몬드 다음으로 강도와 내열성이 큰 텅스텐이라는 희소금속이 있다. 공작기기에 사용하는 커터 등을 만들 때 들어가는데, 이것을 사용하면 대부분의 금속을 날카롭게 깎아낼 수 있다.

자동차를 만들 때에는 텅스텐으로 만들어진 드릴 날이 필요하다. 텅스텐이 없으면 세계 최고의 자동차대국 일본이라 하더라도 자동차를 만들 수 없다.

지금은 전 세계 텅스텐의 90퍼센트를 중국이 차지하고 있는데, 중국의 수출 제한 정책 때문에 텅스텐 자원의 고갈, 공급 불안이 초래되고 있는 상황이다.

일본 국내에서 필요한 텅스텐은 30퍼센트 이상이 AMJ를 통해 수입되고 있는데, 우리를 포함하여 일본의 기업들은 필요한 텅스텐 대부분을 중국으로부터 수입해 왔으나 희소금속 가격이 급등하여 타격이 컸다.

지하 150미터를 나아가 '블루 다이아'를 발견!

더 이상 중국에만 의존해서는 안 되겠다!

　나는 중국에서 희소금속을 수입하는 데에 한계를 느끼고 다른 나라를 찾아보기로 했다.

　러시아의 극동 연해주에 있는 프리모스크 광산이 1차 목표였다.

　'광산 그 자체를 확보해 보자.'

　지금까지 일본의 상사는 다른 누군가가 소유한 광산에서 광석을 구매했다. 스스로 광산을 소유한다는 발상은 별로 하지 않았다.

　'러시아의 광산 땅속 깊은 곳에는 전 세계가 탐내는 보물이 묻혀 있다.'

　러시아는 앞으로 비즈니스 파트너로서의 가능성이 가장 큰 나라다.

　아직 국토의 20퍼센트가 미개발 상태고, 그 아래에 수억 톤의 텅스텐이 잠들어 있다고 한다.

　이 광산을 어떻게든 확보해 보자.

　현지에 가서 엘리베이터를 타고 지하 채굴 현장으로 내려갔다.

지하 150미터에 있는 갱도를 걸어갔다. 캄캄하고 축축한 갱도를 손전등 불빛에 의지하며 앞으로 나아간다.

"이건 굉장하군!"

갱도의 외벽에 자외선을 비추니 마치 하늘의 은하수처럼 점점이 파란 빛이 반짝인다.

파랗게 반짝이는 것은 텅스텐의 특징이다. 그 지역 사람들이 텅스텐을 '블루 다이아몬드'라고 부르는 것은 이 때문이다.

가는 곳마다 중국인이!
40년 가까이 계속된 일본 기업과의 계약을 뒤집어 버리다

나는 광산회사 사장과 협상을 시작했다.

사장은 "광산 개발에는 3억 달러 정도가 필요하다"고 했다.

"현 단계에서 말할 수 있는 것은 광산 개발에 필요한 자금의 절반을 우리가 부담할 수 있다는 겁니다. 3억 달러가 필요하다면 1억 5000만 달러를 우리가 부담하겠습니다."

"흠. 그래서, 나카무라 씨의 조건은?"

"일본에 우선적으로 텅스텐을 보내 주십시오."

그러자 광산회사 사장은 어이없는 제안을 했다.

"텅스텐을 판 이익의 배분은 러시아 7, 일본 3으로 합시다."

"7대 3이라고요?"

일본 측이 광산 개발 자금의 반을 내놓겠다는데, 이익은 30퍼센트밖에 안 준다고?

'이 아저씨, 아주 세게 나오는군.'

강경한 태도의 뒤에는 중국인이 있었다.

이미 여러 중국 기업이 이 광산을 노리고 거액의 자금 제공을 제안했던 것이다.

'제기랄, 또 중국이야!'

최근 수년간, 희소금속 거래 협상에서 중국 기업과 경합하는 일이 잦아졌다. 심한 말을 쓰자면 날치기당하는 케이스도 있었다.

예를 들어 호주의 웨스턴마이닝 사(현재는 BHP빌링튼 사가 인수)의 경우가 그렇다. 이 회사는 희소금속 광산을 다수 소유한 어엿한 메이저급 회사로서, 1967년에서 2004년까지 40년에 이르는 기간 동안 10년마다 계약을 갱신하면서 스미토모금속광산과 공급 계약을 잘 유지해 왔었다.

그런데 희소금속 자원을 사 모으는 중국 기업이 이 광산에 눈독을 들이고 스미토모금속광산보다 더 나은 거래조건을 제시하여 계약을 맺어 버렸다.

중국은 수단 방법을 가리지 않는다. 협상을 성공시키기 위해 뒷돈도 준비하고, 접대도 일상다반사라서 접대를 받는 쪽의 체력이 버티지 못할 정도다.

중국과 일본은 승부의 방식이 전혀 다르다. 그런 중국의 자원 외교에 웨스턴마이닝 사가 넘어가 버렸다.

웨스턴마이닝 사와의 계약을 중국 기업에 빼앗기게 되었다는 것에 스미토모금속광산 측도 당황하여 '중국 기업보다 더 높은 금액을 내놓겠다!'고 했지만, 결단의 타이밍이 너무 늦었다.

하지만 스미토모금속광산은 이 경험을 살려 최근에는 차례차례 다른 광산 개발에 성공적으로 참여하고 있다.

아마존 정글에서 원주민과 조우! 굉장한 살기를 느끼다

나의 텅스텐 협상은 클라이맥스를 맞이하고 있었다.

협상에 임할 때에는 기백이 있어야 한다.

그것을 겉으로 드러내느냐 아니냐는 별개로 치고, 그러한 마음가짐이 되어 있어야 한다.

나는 아마존을 방랑하다가 정글에서 원주민과 마주친 적이 있다.

사람의 기척이 느껴져서 뒤를 보니 원주민 두 명이 터벅터벅 따라

오는 것이었다. 내가 멈추자 그들도 멈췄다.

그들은 등에 '화카'라는 커다란 단검을 숨기고 있었다.

강한 살기가 느껴졌다. 죽임을 당하지는 않는다 하더라도 가지고 있는 것을 몽땅 빼앗길 것은 분명했다!

'이거 안 되겠는걸. 도망치지 않으면 날 죽일 거야!'

하지만 어지간히 빠르지 않으면 도망쳐 봤자 곧 잡힐 것이다. 기본 체력이 다르고, 길도 잘 모른다. 어찌됐건 여기는 아마존의 정글이다.

나는 딱 멈춰 서서 발길을 돌려 두 사람 앞으로 달려갔다.

그리고 큰소리로 "Eu não fumo!"(에우 난 휴모―나는 담배 안 피워!)라고 외쳤다.

그러자 둘은 뒷걸음치며 서로 얼굴을 마주보고 어이없다는 얼굴을 했다.

'지금이야!'

나는 전속력으로 마을 방향으로 뛰기 시작했다.

필사적으로 뛰었다. 뒤를 돌아볼 여유 같은 것은 없었다. 어쨌든 달리고 또 달렸다. 몇 분쯤 달렸는지 모르겠지만, 숨이 차서 더 이상 움직일 수조차 없게 됐다. 뒤를 돌아보니 사람 그림자는 없었다. 나는 마음이 놓여 그 자리에 주저앉았다.

왜 "Eu não fumo!"라고 외쳤는가.

나는 브라질에 있을 때 여러 번 "라이터 좀 빌려줘", "담배 좀 줘"라는 말을 들었다. 그 때마다 "Eu não fumo"라고 말했었기 때문

에, 순간적으로 그런 상황을 상정하여 큰소리로 외친 거였다.

도망치면 상대는 쫓아온다. 그건 약하다고 보기 때문이다.

그러므로 이럴 때에는 갖고 있는 모든 힘을 다해 기력을 쥐어짜내서 자신을 과시하는 게 좋다. 고슴도치가 온몸의 털을 곤추세우는 것과 마찬가지다.

곰이 습격할 때는 죽은 척하는 것이 상책이라고 하지만, 경우에 따라서는 약한 모습을 보이지 않고 가지고 있는 모든 기력을 담아 큰소리를 내지르는 편이 좋을 때도 있다.

야쿠자와의 싸움도 마찬가지다. 뒷걸음치는 순간 당한다. 눈을 내리까는 순간에 맞는다. 그러므로 있는 힘을 다해 상대를 노려봐야 한다.

협상을 할 때에도 포커페이스를 유지하되, 절대로 지지 않는다는 기개를 가져야 한다.

이미 라이벌 중국 기업에 우위를 빼앗겼지만, 그 정도는 이미 예상한 바였다. 난 최후의 카드를 내밀기로 했다.

그건 러시아가 애타게 갖고 싶어 하는 희소금속 가공 기술.

나는 그 기술을 제공하겠다고 제안했다. 일본이 갖고 있는 세계 최첨단의 희소금속 가공 기술이 협상을 성사시킬 수 있는 비장의 카드가 되었다.

드디어 네 시간에 이르는 협상이 타결되었고, 우리는 광산개발협정 서류에 사인했다.

그 결과 AMJ는 일본 상사로서는 처음으로 러시아의 텅스텐 광산을 확보할 수 있게 되었다.

지금까지 일본의 비철 제조회사는 자체 광산을 갖는 일에 소극적이어서 광산을 찾기 위한 탐광 투자에는 매우 소극적이었다.

일본의 JOGMEC(석유천연가스 · 금속광물자원기구)에는 광산탐사 비용의 반을 갹출해 주는 제도가 있다. 실패해도 JOGMEC는 불평하지 않는다. 하지만 만약 성공하면 광산에 대한 권리의 반을 양도받는다.

그런 지원 제도가 있는데도 일본의 광업회사는 좀처럼 탐광 투자에 나서지 않는다. 탐험하고자 하는 의지나 목적의식이 없기 때문이다. 탐험하고자 하는 의지를 갖지 않는 한 자원 개발은 불가능하다.

1990년대 초반, 중견 기업인 초리에 몸담고 있던 나는 중앙아시아의 자원 개발에 매달리고 있었다. 그때 스미토모금속광산에서 중앙아시아의 여러 나라를 함께 개발하자는 제안이 들어왔다. 당시 초리가 중앙아시아 곳곳에서 다양한 ODA(Official Development Assistance. '정부개발원조'의 머리글자를 딴 말. 두 나라 사이의 원조와 국제기관에 대한 원조가 있다. 역자 주)에 직접 손대고 있는 것을 알고 함께 자원을 확보해 보자고 제안을 해 온 것이었다.

그러나 그때 스미토모금속광산은 자원의 권리 획득에 대해서는 전혀 흥미를 보이지 않았다.

그리고 그들은 카자흐스탄이나 우즈베키스탄 같은 작은 나라는 리스크가 높아 보인다며 처음부터 배제하는 등 앞을 내다보는 통찰력이 없었으며, 자원 메이저가 남기는 국물이나 먹자는 작은 발상에 안주하는 모습을 보였다.

그러나 오늘날 카자흐스탄이나 우즈베키스탄을 보라. 카스피 해 주변은 사우디아라비아보다 많은 원유가 나며, 또한 동, 납, 아연 등 비철금속 자원의 보고이기도 하다.

보물이 지천으로 잠들어 있다.

우리 AMJ의 일꾼들은 그래서 오늘도 중국, 러시아, 중앙아시아, 나아가 아마존, 쿠바, 몽골, 베트남, 북극권 캐나다 등 전 세계를 무대로 보물의 산을 찾아 방랑하고 있다.

우리는 로망을 쫓는 탐험가다. 대항해시대에 신천지를 찾아 바다로 떠난 사람들과 비슷하다.

뭔가 새로운 것을 낳거나 미지의 땅에 지천으로 널린 보물과 마주치려면 무엇보다도 먼저 탐험하고자 하는 의지가 있어야 하기 때문이다.

운명은
스스로 개척하라

54세에 권고사직! 기로에 서면 어려운 길을 선택하라

'1000분의 3' 세계에서 행운을 낚는 데에는 비결이 하나 있다. 그것은 선택지가 두 개 있으면 어려워 보이는 쪽을 택하는 것이다. 실제로 AMJ는 그렇게 해서 탄생했다.

1990년대 초에 부동산 버블이 터지고 2000년대 초에 IT 버블이 붕괴하면서 상사들의 돈벌이가 시원치 않게 되었다. 은행도 대출을 꺼리기 시작했다.

2002년경, 지속되는 불황 탓에 내가 있던 초리도 선택과 집중으로 내몰리게 되었다. 핵심이 되는 업무에 자원을 집중하고 그 밖의 것은 잘라 버렸다.

당시 희소금속 부문의 연간 매출액은 170억 엔이었으며, 이익은 나고 있었지만 막대한 자금이 투입되어야 했다. 결국 희소금속 부문은 퇴출 대상이 되었다.

이건 나에게는 실로 청천벽력이었다.

어느 날 사장님이 나에게 말했다.

"나카무라 씨. 회사에 남을 텐가, 아니면 밖으로 나갈 건가?"

사실상의 퇴직 권고였다.

내 나이 54세. 정년까지 앞으로 6년, 얌전히 있었으면 지금쯤은 퇴직금을 받으며 유유자적한 생활을 하고 있을 것이다. 하지만 그런 인생은 재미가 없다.

"나가겠습니다!"

나는 망설임 없이 대답했다. 순간 '이건 기회다!'라는 느낌이 왔던 것이다.

기로에 서면 어려운 길을 택한다.

두 갈래 길이 있으면 힘든 쪽으로 나아간다. 이것이 '방랑 백수' 시절에 배운 지혜다.

전 세계를 방랑하다 보면 머물 장소조차 없는 생활이 계속된다.

'오늘 밤은 어떻게 하지?'

그때 마음속에 안이한 길과 힘든 길이 떠오른다.

아는 사람을 찾아가는 안이한 길을 선택할 수도 있고, 탐험 의지를 불태우며 아마존으로 향하는 힘든 길을 선택할 수도 있다.

이럴 때에 안이한 길을 선택하면 신기하게도 운이 따르지 않았다. 아프거나 다치거나 짐을 도둑맞거나 하는 나쁜 일만 일어났다.

브라질 중서부의 마토그로소 주를 방랑하던 도중 지독한 감기로 끙끙 앓은 적이 있다. 목이 부어 물도 마실 수 없었다. 가방에 들어

있던 약을 먹어도 아무 효과가 없었다.

쓸 수 있는 돈은 하루 5달러. 도보여행자가 머무는 싸구려 여인숙의 방은 두 평쯤 되는 작은 모텔 풍 구조였는데 1박에 2달러였다.

나는 일어나 앉지도 못하고 자리보전을 했는데, 이틀째가 되니 호텔 주인이 걱정스러운 얼굴을 하고 보러 왔다.

"어떻게 된 거요?"

"보는 대로예요. 목이 영 안 좋아요. 어떻게 좀 해 줘요."

주인은 심상치 않은 상황임을 알고 물과 사탕을 넣어 주었다.

그러고 보니 그동안 먹은 게 없었다. 물도 마시지 않았다.

사탕을 핥고 있자니 조금씩 목이 뚫렸다.

사흘째가 되어 겨우 물을 마실 수 있게 되었다.

이런 일도 있었다.

초리에 입사해서 2년 째 되던 해. 회사가 부동산 투자에 실패하여 파산할 지경에 몰렸다.

당시 3500명 정도의 사원이 있었는데 그중 1500명을 구조조정해야 할 판이었다.

당시 내가 앉아 있던 자리는 인사 담당 상무 옆이었다. 바로 눈앞에서 중장년층 사원들이 차례로 불려와 해고 통보를 듣는 모습을 지켜봐야 했다.

들으려 하지 않아도 대화 내용이 또렷이 들렸다. 개중에는 울음을 터뜨리는 사람도 있었다.

대부분의 선배가 회사를 떠나는 속에서 사직을 거부한 사원들이

  방랑 백수, 세계일주로 5천억 부자 되다

있었는데, 회사는 그들을 전화기 한 대뿐인 인사부실에 배치하고는 일을 하나도 주지 않은 채 퇴사를 강요했다.

'회사란 잔혹한 곳이구나.'

나는 현실을 절절하게 느꼈다.

입사 후 바로 배속된 총무부서의 일이 싫어서 '언제 회사를 그만둘까' 하는 생각만 하던 나는 그 일을 계기로 마음을 고쳐먹었다. '그만두는 건 쉬운 길이야. 끝까지 남아서 이 회사가 어떻게 될지 한번 지켜보자'라고 마음먹게 되었다. 그렇게 어려운 길을 선택한 나는 그때부터 철저하게 일에 매달렸다.

어려운 쪽을 선택하고 나면 기운이 솟아서 그런지 결국 새로운 길이 열리곤 했다.

스스로 결심하지 않으면 운명은 바뀌지 않는다

운명이란 원래 내가 개척하는 것이다.

숙명은 내 힘으로 바꿀 수 없다. 숙명이란 내가 타고 있는 배라고 할 수 있다.

나는 나카무라 집안에 태어났다. 그렇게 태어난 이상 지금부터 다른 집에 태어나고 싶다고 아무리 원해 봤자 안 된다. 그것이 숙명이다.

미국인이 되려고 해도, 중국인이 되려고 해도 안 된다. 나는 여전히 일본인이다. 그건 정해진 숙명이다.

이처럼 정해진 것은 바꿀 수 없지만, 배가 나아가는 방향은 스스로 결정할 수 있다. 그것이 '운명'이다.

운명은 스스로 바꿀 수 있다.

큰 배를 탔다 해도 나 스스로 결심하지 않으면 운명은 달라지지 않는다. 인생을 낭비할 수도 있다.

예를 들어 전함 야마토는 구레 항에 오랫동안 계류되다 자신의 가치를 살릴 기회를 가지지 못한 채 가라앉아 버렸다. 큰 배였지만 불행한 운명이다.

작은 배라도 자신의 힘을 발휘한다면 위업을 달성할 수 있다. 태평양을 횡단하는 요트도 있다.

숙명은 바꿀 수 없지만, 운명은 바꿀 수 있다.

큰 그릇을 타고나지 않았더라도 인생의 방향은 자신의 손으로 결정할 수 있다.

처음에는 뭐든 좋다!
나의 사소한 생각이 인생을 바꾼다

허풍을 크게 떨어 버리면 어떻게든 되는 법이다

"오늘, 회사 그만뒀어."

회사를 그만둔 날 집에 돌아와 아내에게 말했다.

아내는 "뭐라고요?" 하고 놀란 얼굴을 하더니 한동안 침묵. 2, 3분 동안 어색한 공기가 흘렀다.

"도대체 무슨 생각을 한 거예요, 당신은! 머리가 이상해진 거 아니에요? 샐러리맨으로 마지막까지 버텼어야죠!"

정년까지 앞으로 몇 년. 희소금속의 제1선에서 한직으로 쫓겨나더라도 가만히 참고 있으면 퇴직금이 온전히 나올 것이고, 그 뒤로는 연금생활이다. 아내가 하는 말을 이해 못하는 것도 아니다.

"그래, 퇴직금은 어떻게 했어요?"

"새 회사 자본금으로 넣었어."

"내 몫은? 반은 내 거잖아요?"

아내가 노려봤다.

"지금 당장 건네주는 것보다 열 배, 백배로 해서 주는 게 좋잖아."

나는 이럴 때 정해 놓고 크게 허풍을 떤다. 큰소리를 치고 보는 거다.

내가 남자답고 호쾌하기 때문이 아니다. 실은 나는 굉장히 여리다. 하지만 허풍을 떨지 않으면 한 발도 앞으로 못 나간다. 어떤 행동도 할 수가 없다.

큰소리를 쳐 버렸으니 할 수밖에 없다. 내 입에서 나온 말로 나 자신을 밀어붙이는 거다.

방랑 백수, 세계일주로 5천억 부자 되다

그러고 보니 방랑을 떠날 때도 그랬다.

해외로 나가는 이유를 '브라질 삼림자원 조사를 위해서'라고 했지만, 그건 명분일 뿐이었다.

사실은 어슬렁어슬렁 해외를 방랑하며 견문을 넓히고 싶었다.

나는 어린 시절부터 방랑을 좋아했다. 초등학교 때부터 교토의 기타야마를 오르기도 하고 비와코를 자전거로 일주하기도 했는데, 중학교, 고등학교로 올라가면서 방랑의 범위가 점점 더 넓어졌다.

그리고 드디어 대학생이 되었을 때에는 혼자서 해외로 나가 방랑해 보고픈 마음이 내 안에서 끓어올랐다.

나는 일본 안에서의 인간관계만으로는 만족할 수 없었다.

전 세계의 사람과 교류하여 좀 더 스케일이 큰 사람이 되고 싶었다.

당시의 나는 앞에서도 이야기했듯이 '무직이면서도 직업 훈련을 받지 않으며 공감력이 모자라는 젊은이'였다.

대학은 졸업했지만 바로 사회로 나가고 싶지 않았다. 조금이라도 더 여유를 즐기고 싶었고, 고생은 뒤로 미루고 싶었다.

그래서 학자가 될 것도 아니면서 대학원에 진학했고, 내 생활에 의문을 느끼면서도 어쩔 도리 없이 그런 상황을 질질 끌고 갔다.

당시는 누구나 마음 가볍게 해외로 갈 수 있는 시절이 아니었다.

해외로 갈 수 있는 건 선택된 사람 뿐. 우수한 학자의 유학, 외교관의 출장이나 부임, 상사맨의 출장 정도였다.

하지만 나는 어쨌든 해외로 나가고 싶었다. 해외라면 어디든 좋왔다.

"나는 해외로 갈 거야!"

생각을 현실로 만들기 위해 계속 떠들어댔다.

"무슨 소리를 하는 거야, 바보 같이. 취직도 못하는 주제에."

주위로부터 '허풍쟁이 괴짜 나카무라'라는 말을 들었으나 상관없었다. '말을 하다보면 어떻게든 될 거야'라는 생각에 계속 그렇게 말하고 다녔다.

옛날부터 허풍을 떠는 건 내게 습관 같은 일이었다.

하고 싶은 일이 있으면 할 수 있나 없나를 생각하기 전에 "난 할 거야" 하고 선언해 버린다.

일단 선언을 해 버리면 스스로도 '꼭 해야겠구나'라는 생각을 하게 되고, 실제로는 어렵겠지 하면서도 마음 한구석에서 '할 수 있지 않을까?'라는 생각이 들기 시작하니 신기하다.

해외에 가고 싶다는 말을 하자 대학 선생님들은 "학생 신분으로 말도 안 되는 생각을 하는구나!" 하고 아주 못마땅하다는 시선을 보냈다.

지금이라면 삼림을 연구하는 학생이 삼림 조사를 하러 가고 싶다고 하면 칭찬을 들을지언정 '바보 같은 짓'이라는 말은 듣지 않을 것이다.

삼림 조사에 대해서조차도 그런 반응이었으니, "그저 해외를 보고 싶을 뿐입니다" 하고 진심을 말했다면 한가한 소리나 한다며 그 자리에서 면박을 받았을 것이다.

그래서 본심을 숨기고 "브라질에 산림자원 조사를 하러 간다"며 그럴 듯한 이유를 가져다 붙여야 했다.

'해외에 나간 뒤보다도 일본을 벗어나기 위해서 넘어야 할 벽이 훨씬 높구나.'

나는 우주로 날아가는 로켓 같은 심정이었다.

'공기의 압력이 있는 대기권을 뚫고 나가기까지가 힘든 거야. 하지만 일단 대기권을 탈출해 버리면, 그다음은 편하다니까.'

이런 식이었으므로 이미 그 누구의 충고도 귀에 들어오지 않았다.

내가 하는 일에 꽤 호의적이었던 친구도 "돈도 없고 아는 사람도 없잖아. 병이라도 나면 어떻게 할 거야?" 하고 걱정을 했다.

하지만 내 귀에는 아무 말도 들어오지 않았다. 머릿속에서 나는 이미 해외를 활보하고 있었고, 마음은 길을 따라가며 춤을 추었다.

내가 낙관적이었던 데에는 텔레비전의 영향도 있었다.

어린 시절 텔레비전에서 〈도망자〉라는 프로그램을 보았다.

내가 본 건 데이비드 젠슨이 주연을 맡은 것이었는데 그 뒤에도 해리슨 포드나 미키 루크가 주연을 맡은 리메이크판이 만들어졌으니 아는 사람이 많을 것이다.

아내를 살해했다는 누명을 쓰고 사형을 선고받은 의사 리처드 킴블이 경찰의 추적을 피하면서 진범을 찾아 미국 전역을 떠돌아다닌다는 이야기다.

집요하게 쫓아오는 제럴드 보안관이 등장하는 장면에서는 침을 삼키며 손에 땀을 쥐었는데, 킴블은 그때마다 간발의 차이로 도망쳤다.

이 〈도망자〉라는 텔레비전 프로그램을 매주 보는 사이에 '나도 할 수 있지 않을까? 미국에 가도 접시닦이나 뭐 그런 걸 하면서 해 나갈 수 있을 거야'라는 근거도 없는 희망이 생겨났다.

킴블 선생이 미국 각지에서 이런 저런 노동을 하며 여행을 계속하는 모습을 보고 나도 방랑을 할 수 있을 것 같다고 생각한 것이다.

'단순하다', '바보다'라고 생각할 것이다.

하지만 행동은 그렇게 시작되는 법이다.

처음에는 뭐든 좋다. 사소한 관심사나 생각이 인생을 바꾼다.

남의 흉내가 아니라 자신이 좋아하는 것을 철저하게 추구하면 인생이 재미있어진다. 처음 한 걸음이 중요하다.

남의 눈 같은 건 신경 쓸 것 없다. 창피를 당해도 좋다. 아무도 남의 일에 신경 쓰지 않는다. 그러니 자유롭게 하고 싶은 대로 행동하라.

이렇게 넓은 세계가 있다. 사회에 짓눌려 왜소하게 굳어져 버리는 건 재미없다.

있는 힘껏 바깥 세계로 뛰어나가 보자. 해외에 나가 방랑하다보면 뭔가가 바뀐다. 처음엔 도피로 시작한 방랑이라도 결국엔 반드시 무언가를 얻게 된다.

천재에게든 바보에게든
시간은 평등하게 흐른다

하루를 넷으로 나눈다

'1000분의 3' 세계에서 행운을 잡는 또 하나의 비결은 시간을 사용하는 방법에 있다.

신에게서 부여받은 것 중 유일하게 평등한 것이 시간이다.

불평등을 DNA 탓으로 돌리지 말자.

가난 따위는 무시하자. 짧은 다리에 긴 몸통, 또렷하지 못한 두뇌도 나에겐 소중하다. 지연, 혈연, 간판, 어느 것 하나 없어도 OK다.

어쨌든 '시간'만은 나에게도 동등하게 주어졌다. 이것만 자유롭게 사용할 수 있으면 행운을 잡을 수 있다.

천재에게든 바보에게든 시간은 평등하게 흐른다.

그러므로 시간을 정복하는 것이 성공의 지름길이다. 24시간이라는 물리적으로 한정된 시간을 나에게 맞게 사용하는 것이다.

나는 하루를 네 부분으로 나누어 사용한다.

일 준비와 충전에 여섯 시간, 일 실행에 여섯 시간, 나머지 여섯 시간은 나를 위한 시간, 그리고 수면에 여섯 시간.

구체적으로 말하면 아침 5시에서 11시까지 일 준비와 충전(인풋), 11시부터 저녁 5시까지 일 실행(아웃풋), 저녁 5시부터 밤 11시까지 나 자신의 시간(프로그램 인스톨), 그리고 밤 11시부터 아침 5시까지는 수면(메모리 백업)이다. 그것을 우직하게 계속한다.

전 세계 어디에 있든 아침 5시 기상! 나카무라식 하루 여섯 시간 분할 스케줄 법

나는 매일 아침 5시에 일어나서, '지금부터는 인풋을 위한 시간이다'라고 자신에게 분명하게 말한다.

눈을 떴을 때에는 좋은 이미지를 떠올려야 한다. '오늘은 즐거운 일이 있을 거야'라고 생각한다.

만약 전날 밤늦게까지 마셨다면 그런 기분이 들지 않을 것이다.

그러므로 돈벌이와 웬만큼 관련된 것이 아닌 한, 술 마시는 것은 1차로 끝내고 가급적 빨리 집으로 돌아온다.

인풋을 위한 시간에는 창조성이 많이 요구되는 일을 한다.

이메일로 하는 커뮤니케이션, 잡지에 연재하는 원고 쓰기, 회사 업무 중에서는 자금 정책 등 방침을 정확히 세워야 하는 일을 한다. 이러한 일은 판단력이 떨어지는 밤 시간에는 하지 않는다.

아침 8시 반에 집을 나와 9시 반에 회사에 도착한다. 10시까지는 일의 순서나 방법을 조정한다.

직접 정보를 입수하거나 뭔가 발상을 해내는 데는 아침 시간이 제일 좋으므로 일찍 일어나는 쪽이 절대로 이득이다.

11시 이후는 아웃풋이다. 회의, 손님과의 약속, 영업 등을 한다.

점심식사와 저녁식사는 손님이나 회사의 간부와 이야기하면서 먹는다. 이것도 내 생각을 발신하는 것이므로 아웃풋의 하나다.

저녁 5시부터는 사적인 시간이다.

가능한 한 일과 무관한 곳에 사용한다. 가족이나 친구와 함께 지내거나, 음악이나 미술을 즐기거나, 책을 읽으며 공부하거나 한다.

술 약속이 생기기도 하는데, 반드시 1차에서 끝낸다. 밤 8시에 끝내고 집에 돌아오면 9시다. 11시까지의 두 시간을 나 자신을 위해 사용할 수 있는데, 이 시간에 책을 읽거나 한다. 이 시간대는 자유로운 발상으로 나만의 프로그램을 인스톨하는 시간이다.

그러고 나서 목욕을 하고 밤 11시에는 잠자리에 든다. 오늘 하루의 메모리를 백업해야 하므로 아침 5시까지의 수면시간도 중요하다.

토요일과 일요일에도, 해외에서도 항상 이 스케줄이다.

나는 그림이나 도표를 그려 이미지를 만드는 걸 중요시한다.

다른 사람과 이야기할 때에는 내 머릿속에 있는 이미지를 그림으로 그려 놓고 그 안에서 이야기한다.

이 시간술 덕분에 아침 일찍 눈이 반짝 떠지고, 좋은 이미지로 하루를 출발할 수 있게 되었다. 해외에 나가면 '저기에 보물이 있을 것 같은데' 하는 감도 갖게 되었다.

늘 기분이 상쾌하므로 병을 모른다. 이미 몇십 년 동안 한 번도 앓아본 적이 없다.

또 인풋 시간과 아웃풋 시간이 나눠져 있는 것도 좋다. 그것을 의식하면서 일을 하면 리듬감이 붙는다.

'방구석 백수' 시절의 시간 사용법은 극단적이었다.

한가할 때는 늘 잠을 잤다. '깨어서 일하는 바보천치들! 잠자는 것만큼 편안한 게 이 세상에 또 있을까'라고 생각했다.

하지만 '방구석 백수'에서 '방랑 백수'가 된 뒤로는 잠자는 시간도 아까워하며 돌아다녔다. 방랑 생활에 들어간 뒤로는 견문을 넓히고 새로운 외국어를 익히는 등 모든 일에 흥미가 솟았다. 호기심이 왕성해지면서부터는 아무리 시간이 많아도 부족하다는 느낌이 들었다.

그래서 시간을 충실히 사용하는 방법을 찾게 되었다.

아인슈타인의 상대성이론은 아니지만, 좋아하는 일을 하고 있으면 시간이 짧고, 하기 싫은 일을 하고 있으면 시간이 무서울 정도로 길게 느껴지는 것을 알았다.

그 이후로는 가능한 한 좋아하는 일에만 시간을 쓰고, 인풋, 아웃풋, 프로그램 인스톨, 백업으로 시간을 4등분해 썼다.

이동 시간은 자는 데 쓰고, 잠이 깨면 바로 행동으로

나는 어디에서나 바로 잠들 수 있다.

택시를 타면 바로 잔다. 그것도 거의 숙면이다. 신칸센에서도 비행기에서도 푹 잘 수 있다.

이것은 1년의 3분의 1이상을 해외에서 지내기 때문일 것이다.

이동 중에는 숙면을 해서 휴식을 취하고, 현지에 도착하는 즉시 활기차게 행동을 개시한다. 이것이 몸에 뱄다.

잠을 잘 뿐이니까 비행기는 이코노미클래스로 충분하다. 좋은 자리든 나쁜 자리든 잠들면 마찬가지다.

항공권은 디스카운트숍에서 가장 싼 것을 산다.

　　　　　　　　　　　방랑 백수, 세계일주로 5천억 부자 되다

이륙한 뒤 옆자리가 비어 있으면 그 자리도 사용하여 옆으로 눕는다. 그러면 몇 분 만에 곯아떨어져서 도착을 알리는 안내방송이 흘러나올 때까지 일어나지 않는다.

때때로 업무 파트너와 현지까지 동행하는데, 개중에는 베개가 바뀌면 잠을 못 잔다는 사람도 있다. 그런 사람은 열 몇 시간이나 되는 비행 중에 한잠도 못 자서 정작 목적지에 도착할 무렵부터는 비실거린다.

"나카무라 씨는 건강하군요" 하고 감탄 반 비아냥 반으로 하는 말을 감사히 듣고, "자, 갑시다" 하며 엔진 풀가동 상태로 현지로 향한다.

하긴, 바로 잠들 수 있게 된 데에는 다른 이유도 있다.

그건 깨어 있으면 무섭기 때문이었다. 중국이나 러시아에서 차를 타면 운전수가 굉장한 스피드로 달린다.

혼잡한 시가지에서도 맹 스피드. 부딪히기 직전에 급브레이크를 밟아 앞차와 겨우 몇 센티미터만을 남겨두고 서는 경우가 흔하다. 지방으로 가면 도저히 찻길이라고 할 수 없을 정도의 자갈투성이 길을 과격하게 달린다.

이 공포에서 벗어나는 유일한 방법이 자는 것이다.

비행기도 그렇다. 정비가 잘 되어 있지 않아 언제 떨어질지 모를 비행기를 타야 하는 일도 종종 있다.

비행기가 난기류에 휩싸여서 '쿠쿵' 하고 수백 미터쯤을 내려앉아 몸이 천장까지 튀어 오르는 순간은 공포다.

예를 들어 중국의 상하이에서 푸저우나 난창까지 가는 도중 난링 산맥을 통과할 때에는 에어포켓에 들어가 몸이 떠오르는 일이 여러 번 있었다.

이럴 때마다 공포에 질려서 시간을 보내게 되면 수명이 줄어든다. 그러므로 이동 중에는 자 버리는 것이 가장 마음이 편하고, 시간을 효율적으로 쓸 수 있게 된다.

02

'일본의 유대인'이 가르치는
세계 최강의 협상술

✦✦✦ 내가 아는 한 가장 뛰어난 협상력을 지닌 민족은 소그드인이다. 소그드인은 현재의 우즈베키스탄 주변에 거주하는 소수민족이다. 오랜 문헌을 펼쳐보면 알렉산더 대왕이 소그드인을 가리켜 '세상에서 가장 교활한 민족'이라고 평했다는 기록이 나온다.

'세계 최고의 협상력'을 지닌 남자와의 대결

'일본의 유대인', 세계의 다양한 상인들과의 접전 속에서 협상력을 갈고 닦다

나는 지금까지 전 세계의 온갖 상인들과 협상을 해 봤다.

세계 각지를 질주하며 희소금속을 확보하는 과정에서 발휘된 나의 협상력은 젊은 시절의 '방랑 백수' 경험과 다양한 민족들과의 접전 속에서 갈고 닦은 것이다.

협상 방식은 민족에 따라 조금씩 다르다.

중국인은 만만치 않다. 일본인과 중국인은 '문화를 공유'하고 있을 거라고 생각하기 쉽지만, 실제로는 전혀 다른 문화와 발상을 지니고 있어서 협상에 성공하기가 매우 힘들다.

모든 일을 장기적인 시야로 발상하는 것이 중국인이고, 이에 비해 일본인의 발상은 매우 단기적·단락적이다.

인도인은 시간을 자유자재로 다루는 끈질긴 협상가다.

인도인은 중국인보다 더 어려운 협상 상대다. 완전히 다른 차원에서 발상하고 게임을 하듯, 아니 그 이상의 감각으로 협상을 한다.

시간에 대한 개념이 일본인하고는 달라서 별것 아닌 협상에도 시간을 들이는데, 이것은 담백한 일본인에게는 참으로 고통스러운 일이다.

프랑스인은 이치·궤변·강변을 교묘하게 나눠 사용하면서 태클을 건다.

보기 드문 외교 협상술을 지니고 있으며, 협상을 하는 중에 완전히 다른 테마를 꺼내거나 논리를 바꿔치기하는 데도 능한 마술사다.

시간을 들이면서도 하나하나의 성과를 문서화하고 담보물을 확실하게 챙기면서 협상을 진행한다.

미국인은 어떤 의미에서는 가장 다루기 쉬운 상대다.

개개의 드러난 현상에 대해서는 연구를 하지만, 그다지 깊이가 있다고는 할 수 없다. 단지 경제적 합리성만 충족되면 협상이 성립되는 일이 많다.

러시아인은 변덕스럽다.

만족했을 때엔 포식 중인 곰 같지만, 만족하지 않았을 때에는 상처 입은 곰으로 변신한다. '니에트'(러시아어로 'NO')라서 결과가 좋지 않다.

레바논 사람이나 시리아인은 빈틈이 없다. 주지는 않고 빼앗기만 하는 민족이라고 생각하면 된다.

베트남인은 속마음과 겉으로 드러나는 태도가 완전히 다른, 아주 복잡한 민족이다.

 방랑 백수, 세계일주로 5천억 부자 되다

이건 반도형 민족의 특성이라고 해도 좋을 것이다.

각각의 나라에는 특유의 문화와 전통이 있으므로 우열을 가릴 수는 없다.

하지만 그중에서도 유대인은 머리가 똑똑하고 풍부한 정보를 갖고 있으며 협상 카드를 다루는 재주가 아주 비상하다.

나는 종종 '희소금속 업계의 이단아'라든가 '일본의 유대인'이라고 불리기도 한다. 나는 이것을 칭찬의 말로 받아들인다. 그만큼 유대인은 뛰어난 협상가인 것이다.

실은 나는 유대계 콜롬비아인에게 속은 적도 있다. 1985년에 콜롬비아산 면화 개발에 매달리고 있을 때 콜롬비아인과 뉴욕에서 만날 약속을 했었는데 아무리 기다려도 약속 장소에 나타나지 않았다.

한 번 더 콜롬비아로 날아가서 거기서 재협상을 했는데 결국 1000만 엔쯤 손해를 봤다. 더구나 납기를 지키지 못해 고객에게 큰 폐를 끼쳤다.

유대인은 내 경험으로도 강적이었다.

하지만 세계는 넓다. 넘버원은 유대인이 아니었다.

'세계에서 가장 교활한 상인'과의 비즈니스

내가 아는 한 가장 뛰어난 협상력을 지닌 민족은 소그드인이다. 소그드인은 현재의 우즈베키스탄 주변에 거주하는 소수민족이다.

오랜 문헌을 펼쳐보면 알렉산더 대왕이 소그드인을 가리켜 '세상에서 가장 교활한 민족'이라고 평했다는 기록이 나온다.

삼장법사 현장은《대당서역기》속에서 '소그드족은 장사를 잘하고 교활하다. 중국인은 이들을 못 당한다'라고 썼고, 마르코 폴로도 《동방견문록》속에 비슷한 내용을 썼다.

세계사 수업에서 '호'(胡)라는 민족에 대해 배웠는지 모르겠다. '호'란 실은 소그드족을 가리키며, '우산쿠사이'(胡散臭い, '어쩐지 미심쩍다'라는 뜻의 일본말. 역자 주)라는 말은 소그드인의 모습을 빗대어 한 말이다.

어쨌든 소그드인은 교활하므로 조심해야 한다는 평이 나 있다.

소그드인은 실크로드를 이야기할 때 빼놓을 수 없는 민족이다.

4~8세기는 동서세계를 잇는 실크로드의 한가운데에 위치한 중앙아시아의 사마르칸트를 거점으로 중개무역이 꽃피었다.

당시 오아시스 상인들의 매매 기록을 보면 금·은이나 견직물 등의 매매 담당자는 거의 대부분이 소그드인이었다는 것을 알 수 있다. 620년경의 고창국(高昌國, 현재의 투르판 지구) 시장에 관한 기록에 상인들의 매매 내용이 기록되어 있는데, 그중 80퍼센트 이상이 소그드인에 대한 것이다.

소그드인은 교역로를 따라 많은 식민지를 만들었는데 왠지 통일국가를 이루지는 않았다. 흉노, 돌궐, 위구르 등 그 시대의 유목국가에 정치적으로는 종속되어 있었지만 경제적으로나 문화적으로는 지도적 지위에 있었다고 한다.

그러다가 8세기 후반, 아라비아인의 내습에 의해 말살당했으며

12세기에는 지구상에서 사라져 버렸다고 문헌에 기록되어 있다.

그러나 그건 말도 안 되는 착각이다.

소그드인은 사라진 것이 아니라 각지에 녹아들어갔다.

그들은 지금까지도 중앙아시아에서 활약하고 있다.

그들의 장사 수법은 현재의 이란 상인을 떠올리면 알기 쉽다. 소그드인은 이란계이다.

이란 상인에게 가격을 물어보면 "돈은 생각 말고 자유롭게 가져 가십시오"라고 하든가 "손님께서 좋으실 대로 가격을 붙여 주십시오"라고 말해 손님의 마음을 끈다.

물론 손님이 돈을 내지 않고 상품을 가져가는 일은 없을 것임을 넘겨짚고 하는 말이며, 손님이 말하는 가격으로 팔 마음 같은 것도 애초에 없다.

고가의 상품을 팔 때 상대가 중요한 고객이라고 판단되면 가게 문을 닫고 차를 내 온다. 손님을 차분하게 요리하기 위해 가게 안에 묶어 두는 것이다. 손님은 자기도 모르는 사이에 '안 사면 안 되겠다' 하는 기분이 된다. 또한 실은 비싸게 팔았으면서도 손님에게는 싸게 샀다는 느낌이 들게 한다. 유대 상인 세 명이 달라붙어도 이란 상인 한 명을 이기지 못한다는 말이 있을 정도로 이란인들은 장사를 잘한다.

일본에서 말하자면 오미 출신 상인에 해당될지도 모르겠다.

오미 상인은 늘 비교우위의 전략을 생각한다. 그래서 지금도 옛날도 장사에는 단연 최고다.

이렇게 소그드인은 뛰어난 장사꾼이지만 장사를 독점하는 것만 생각했기 때문에 타 민족에게서 미움을 샀다.

'아홉 번의 YES'로 상대를 계략에 빠뜨리고 '마지막 한 번의 NO'는 절대로 양보하지 않는다

세계 최강의 장사꾼 소그드인과의 첫 대면

내가 소그드인을 만난 건 1989년, 아직 초리에 근무하고 있을 때였다. 초리는 섬유 제품에 강한 회사로서 코튼 린터를 전 세계에서 사들였다. 코튼 린터는 면화의 일종으로, 레이온의 원료로 쓰인다.

목화씨에 붙어 있는 섬유 중 긴 섬유인 '린트'를 떼어내고 나면 씨 주변에 솜털 상태의 짧은 섬유가 붙어 있는데, 그것이 '린터'다.

코튼 린터는 재생섬유의 주원료일 뿐 아니라 목재 펄프를 대신하여 종이나 화약의 원료로 쓰이기도 한다.

나는 중앙아시아에서 면화 장사를 시작하려고 우즈베키스탄으로 가서 수도 타슈켄트에 주재사무소를 설립하고 임시 소장에 취임했다. 타슈켄트는 세계 최대의 면화 생산지다.

사무소에는 현지 사정에 밝은 지리야라는 여비서가 있었다.

글래머러스한 카타르 미인이었던 지리야는 코튼 린터의 비즈니스

가능성을 열심히 조사해 줬고, 아는 사람 중에 유력자가 있는데 소개해 주겠다고도 했다.

이야기는 척척 진행되어, 얼마 안 있어 우즈베키스탄 최고의 거래업자와 만날 수 있게 되었다.

그가 사장으로 있는 회사의 이름은 다른 이름도 아닌 '소그디아나'였다. 소그디아나 사는 이 지역의 면화를 모아들여 수출하는, 우즈베키스탄에서 가장 성공한 사기업(私企業)이었다. 사장인 샤지에프 씨는 45세. 키는 크지 않았지만 몸은 다부졌고 거무스름한 피부에 크고 번득이는 눈망울을 갖고 있었다.

'조울형 기질'은 모순을 찌르면 설득하기 쉽다

나는 처음 보는 사람에게는 '크레치머(독일의 정신병리학자)의 체형별 성격 분석'을 기초로 상대를 분석하여 그에 따라 대처한다.

'크레치머 체형별 성격 분석'에서는 사람을 다음과 같은 세 분류로 나눈다.

① '비만형' = '조울형 기질' …… 사교적인 때와 조용한 때가 교대로 나타난다.

② '마른형' = '분열형 기질' …… 예민하고 비사교적. 때로는 둔하고 때로는 눈치가 빠르다.

③ '근육질형' = '점착형 기질' …… 꼼꼼하고 뭔가를 하면 열중한다.

이것을 액면대로 다 받아들이는 건 아니지만, 해외에서 부딪치며 실제 협상을 할 때는 하나의 잣대가 된다.

예를 들어 조정 역할을 하는 상인 타입에는 '비만형'이, 재무를 담당하는 은행원 타입은 '마른형'이 많고, 원 맨 스타일의 기술자 타입 공장장에는 '근육질형'이 많다. 국가나 인종은 달라도 인간의 행동에는 큰 차이가 없다. 지금까지의 경험상 크레치머의 체형별 성격 분석과 관상학(얼굴, 눈, 코, 귀, 입 등의 형태와 색깔로 그 사람의 성질을 판단한다)을 조합하였을 경우 인물 감정 성공률은 90퍼센트 이상이다.

'조울형 기질'인 사람과 협상할 때는 상대의 정신 상태의 부침에 주의할 필요가 있다.

사교적일 때 다가가 단숨에 연달아 해치우는 식으로 협상하는 것이 효과적이다. 거꾸로 가라앉아 있을 때는 이야기를 해도 좀처럼 결론이 나지 않는다.

이럴 때는 협상을 해도 잘 되지 않으므로 일단 중단하고 다음번으로 미룬다.

이런 타입의 사람은 제멋대로인 경우가 많고 무엇이든 자기가 직접 결정하고 싶어 한다.

그러나 변덕스러워서 모순되는 말을 하기 일쑤다. 그때 그 모순을 짚어 주면 설득하기 쉽다.

'분열형 기질'에게는 여유를 갖게 해 준다

'분열형 기질'인 사람은 원래 예민한데, 실은 자기 자신에 대해서만 예민하지 타인에 대해서는 의외로 둔하다.

이 타입은 종종 '나는 뭐든지 다 안다'고 생각하지만, 실은 못 보는 것이 많다. 그리고 그것을 모르는 건 본인뿐인 경우가 많다.

착각이 심하므로 그 점을 알아차리게 해 주면 태도가 급변하는 일이 있다.

단, 결점이나 착각을 지적당하거나 창피를 당하는 것을 극단적으로 싫어하므로 말하는 방식과 태도를 조심해야 한다.

재촉하면 패닉 상태가 되어 결론이 안 나오므로 협상을 할 때 늘 여유를 갖게 해 주면서 진행하는 게 좋다. 한 번 가라앉으면 어떤 수를 써도 안 되므로 그럴 때는 시간을 두고 재협상을 하는 게 낫다.

자만과 착각이 심한 만큼 상대방에 대해서 용서 없이 공격을 해대는데, 그럴 때는 마음을 가라앉힐 수 있게 화제를 바꿔야 하며, 시간을 두었다가 협상을 재개하는 편이 성공률이 높다.

'점착형 기질'에게는 사리정연한 해결안을 제시한다

'점착형 기질'인 사람과는 사리정연하게 협상해야 한다.

이런 유형의 사람들은 대부분 자신의 사고방식이나 일하는 방식에 집착을 갖고 있다.

직인처럼 완고하고, 일단 자신의 의견이 좋다고 생각하면 쉽게 뒤

로 물러서지 않는다.

거꾸로 이론파 상대에게는 약하여, 합리적이고 사리정연한 해결안을 제시하면 잘 통한다.

샤지에프 씨는 처음 봐서는 다부진 체격의 근육질이라서 '점착형 기질'이 아닐까 했다.

단, 그러한 분류를 뛰어넘는 그릇의 크기가 느껴졌다.

'이 아저씨, 대단한걸.'

나는 첫 만남부터 샤지에프 씨에게 어떤 종류의 힘, 이를테면 아우라 같은 것이 넘쳐흐르는 것을 느꼈다.

샤지에프 씨는 역사 속의 인물 중 안녹산을 생각나게 했다. 안녹산은 당의 현종 황제 때 안사의 난을 일으켜 황제가 되는데, 마지막에는 아들에게 살해당하는 비운을 맞았다.

안녹산은 당대의 군인이지만 소그드과 돌궐의 혼혈이었다고 한다.

녹산이란 소그드 어의 '록샨'으로, '밝은 빛'이라는 뜻이다.

협상 상대인 샤지에프 씨에게서는 안녹산의 재래가 아닌가 할 정도로 힘이 느껴졌다.

이것이 나와 소그드인의 첫 만남이었다.

상대가 아홉 번 연속 'YES!' 뭔가 이상해…

이야기를 나눠보니 샤지에프 씨는 일본에 대해 뭐든 잘 알고 있었다. 일본에 몇 번 방문한 적이 있다고 더듬거리는 일본어로 말했다.

더욱이 일본의 M사와 린터 비즈니스를 한 실적이 있다고도 했다.

'M사는 면화 취급량에서는 일본에서 세 손가락 안에 들어가는 회사다. 우리는 후발주자이니 제대로 하지 않으면 이기기 어렵겠는걸.'

다행히도 일본 회사 중 타슈켄트에 주재사무소를 연 것은 초리가 처음이었다.

'이 강점을 살리면 어떻게 잘 될지도 몰라.'

나는 우리의 강점을 어필하는 데에서부터 시작했다.

일본의 코튼 린터 취급량은 초리가 톱이었다. 경쟁사인 M사는 면화에는 강하지만 코튼 린터에는 그다지 강하지 않았다.

샤지에프 씨는 내 이야기를 온화한 표정으로 듣고 있다가 갑자기 이런 말을 꺼냈다.

"나카무라 씨에게 일본 시장의 총 대리권을 주지요."

뜻하지 않은 발언에 내가 "윽" 하고 놀라니까 "단, 조건이 있습니다" 하고 말을 이었다.

"코튼 린터 생산량의 반을 가져가 주십시오."

그러나 이미 다른 나라들에서도 일정량을 사기로 약정이 되어 있는데 생산량의 반이나 되는 린터를 일본에 들여가면 공급 과다가 되어 버린다. 안 된다고 했다.

"알겠습니다. 그렇다면 가격을 다시 검토해 보죠."

제시된 가격은 내가 산정했던 가격보다 훨씬 비쌌다. 나는 안 되겠다고 했다.

"그럼, 만약에 2급품도 끼어서 사 주신다면 가격을 큰 폭으로 내리죠."

이 점에 대해서는 나에게 결정권이 없었으므로 그 자리에서 결정할 수가 없었다.

한편 나는 패킹과 납기에 대해서도 요구했다. 품질 검사 방법, 수송 수단과 수송 루트, 운송비용 등, 어느 것이나 다 격렬한 논쟁이 수반되었다.

하지만 이쪽의 주장에 대해 그는 'NO'라고 하는 법이 없었다.

소프트하게 받으면서 반드시 대안을 제시해 왔다.

샤지에프 씨는 의견이 갈리는 지점에서는 선택지를 좁혀 가면서 타협해 줬다. 모두 합리적인 타협안에 도달했는데, 그건 모두 그가 양보한 덕이었다.

'왠지 미안하군.'

나도 그때까지 경험한 많은 아수라장 협상판에서 늘 이치와 논리에 근거한 대응을 해 왔다. 하지만 이번처럼 상대의 제안에 연속해서 아홉 번이나 'NO'라고 말한 적은 없었다. 그런데 그때마다 상대는 아홉 번의 'YES'로 응해 주었다.

결과적으로 샤지에프 씨는 나로 하여금 '빚'을 지게 하면서 양보해 준 것이었다. 협상판의 공기가 이상해져 갔다.

'YES'의 분위기 속에서 어떻게 'NO'를 말할까

전체 열 항목 중 아홉 항목까지가 생각대로 진행되고, 마지막 협상 항목으로 '결제 조건'이 남았다. 그 단계에 이르자 샤지에프 씨의 표정에서 그동안의 부드러움이 사라졌다.

'뭔가가 있어. 이제부터가 승부야.'

나의 오랜 경험에서 나온 감이 속삭였다. 생각대로 그의 태도는 돌변했다. 선불 조건만큼은 타협할 수 없다며 완강하게 나오는 것이었다.

'이거 성가시게 됐는걸. 컨트리 리스크와 금융 리스크가 지나치게 커. 선불이라니, 어림없는 일이야.'

결제 조건을 변경시키려고 내가 다양한 아이디어를 제안했으나 상대는 한 걸음도 물러서지 않았다. 우호적으로 진행되어 왔던 소프트 어프로치 협상이 하드 어프로치로 바뀌었다. 샤지에프 씨는 큰 눈을 더욱 크게 뜨고 나를 노려보면서 결단을 촉구했다.

'뭐야. 마치 귀신같군.'

질질 끌던 협상이 어느덧 두 시간에 이르렀다.

협상이 길어지면서 선택지의 다양성과 복잡성과 피로 탓에 머리가 차차 둔해지기 시작했다. 그런 상태에서 상대는 결단을 촉구해 왔다.

상대가 앞서 아홉 항목을 타협해 준 데 대한 부채의식도 있었다. 상대도 그 점을 지적하며 하나쯤은 자기네 쪽의 말을 들어 줘야 하지 않겠냐는 분위기를 만들어서 나를 코너에 몰아넣었다.

결국 이 협상은 결렬되었다.

나는 'YES' 밖에 말할 수 없는 분위기 속에서 필사적으로 'NO'라고 한 것이다.

만약 상대의 술수에 빠져들어 'YES'라고 했다면 그 후 엄청난 어려움을 당했을 것이다.

협상은 상대가 있는 사회과학의 세계다. 이런 경우, 일반적으로 일본인은 이심전심을 아주 좋아하기에 분위기에 따라 안이하게 결정하는 일이 많다.

소그드인이 만들어내는 'YES' 밖에 선택지가 없는 협상의 분위기 속에서 분명하게 'NO'라고 말하는 것은 일본인에게는 쉽지 않은 일이다. 그런 의미에서 소그드인은 일본인의 천적이라 할 수 있겠다.

내 의사결정의 메커니즘은 '인간학'이 기본이다. 서로 간에 존중할 수 있는 관계가 되기 전에는 분위기로 결단하는 일이 없다.

이 케이스에서도 협상의 흐름이 부자연스러웠기 때문에 나는 중간부터 '뭔가 이면이 있어' 하고 긴장을 늦추지 않고 있었다. 덕분에 그 자리의 분위기에 휩쓸리지 않고 맨 마지막 순간에 'NO'라고 할 수 있었다.

'방랑 백수'의 경험과 감이 'NO'라고 말하게 했다고 해도 좋을 것이다.

'세계 최강 협상가'의 최대 강점

소그드인의 최강 협상술을 맨몸으로 느낀 건 나의 큰 재산이 되었다.

되돌아보면 샤지에프 씨는 아무래도 좋을 조건은 모두 타협하고 가장 중요한 조건은 절대 타협하지 않았다.

상대에게 거절할 구실도 주지 않는다. 도망쳐도 모두 무너진다.

그리고 마지막에는 상대가 반드시 'YES'라고 말하게 하는 것이었다.

왠지 내가 갖고 있는 정보를 모두 들여다보고 있는 것 같다는 느낌이 들었을 때는, 나에게는 이미 내밀 수 있는 '비장의 카드'가 아무것도 남아 있지 않았다.

복싱에 비유해 말하자면, 유리하게 싸우고 있는 줄 알았는데 어느 틈엔가 코너에 몰려 속수무책이 되어 버린 것과 같았다.

그 뒤로도 소그드인하고 몇 번이나 협상을 해 보았는데, 그들은 머리회전이 정말 빨랐다.

이렇게 말하면 저렇게 말한다. 저렇게 말하면 이렇게 말한다.

내가 꺼낸 제안에 일단 'OK'한다. 그래서 내가 마음을 놓으면, 웬걸, 이야기는 거기서 끝나지 않는다.

상대는 내 입장에 서서 여러 가지 선택지나 조건을 새로이 제안해 온다.

어느 것이나 다 좋은 제안으로 보이지만, 제안이 늘면 늘수록 선택지가 많아 복잡해진다.

처음 한동안은 나도 협상을 유리하게 추진하고 싶어서 필사적으로 두뇌를 작동시켜 보지만, 갈수록 선택지가 많아지고 그 조합이 복잡해져서 결국에는 상대의 이야기를 따라갈 수 없게 된다.

소그드인은 협상판에서의 이야기 방식이나 손짓 몸짓이 정말 일품이어서, 그 자리의 분위기에 휩쓸려 그들이 내놓는 조건에 'YES'라고 말하지 않고는 못 견디게 만든다.

방랑 백수, 세계일주로 5천억 부자 되다

'방랑 백수' 시절에 기른 경험과 감으로
협상 테이블을 누비다

아기 때부터 한 번 잡은 금화는 절대로 놓지 않는다

샤지에프 씨가 같이 식사를 하면서 이런 이야기를 해 주었다.

소그드인은 아기를 처음 요람에 눕힐 때 입에는 벌꿀을 물게 하고 손에는 동전을 쥐게 하는 전통이 있다고 한다.

"왜 그런 걸 하는데요?"

나는 샤지에프 씨에게 물었다.

"소그드 족의 아이들은 장래에 상인으로 살아가게 됩니다. 그래서 입으로는 달콤한 말을 하거라, 그리고 일단 손에 쥔 금화는 절대 놓치지 말아라, 하고 아기에게 가르쳐 주는 겁니다."

그 말을 듣고 나는 놀랐다.

중국 당나라 시대의 문헌에도 '소그드인은 태어난 지 얼마 안 되는 아이에게 입에는 벌꿀을 물게 하고 손에는 아교를 발라준다. 그건 입에서는 달콤한 말이 나오고, 손에는 동전이 붙어서 떨어지지

않도록 하기 위해서다'라는 기술이 있다고 한다.

말은 달콤하게 하고 들어온 돈은 손에 꼭 쥐고 절대로 놓지 않는다. 태어날 때부터 부모가 이런 감각으로 키우니 다른 상인하고는 들어 있는 철심이 한두 개 다를 수밖에.

이런 민족에게 일본인이 이길 리 없다.

후일담을 말하자면, 내 비서인 지리야는 실은 샤지에프 씨의 연인이었다!

지금은 함께 살고 있다는 소문까지 들려온다. 그래서 내가 갖고 있던 정보가 모두 그대로 빠져나갔던 거다.

싸우기 전에 이미 큰 어드밴티지를 쥐고 있었던 셈이다.

협상이란 민족끼리 벌이는 전통과의 싸움

세계 넘버원의 협상가로서 샤지에프 씨를 소개한 셈인데, 그는 단순한 책사가 아니다.

장사의 요체는 '신용'이다.

내가 장기적인 거래를 한 상대는 예외 없이 '신용할 수 있는 인품'을 지닌 사람이었다.

그들에게는 인간적 매력이나 상도(商道)의 극한에 다다른 자만이 가질 수 있는 '철학'이 있었다.

샤지에프 씨는 상인이라기보다 오히려 정치가나 의사와 같은 분위기를 풍겼다.

사실 그의 큰형은 우즈베키스탄의 저명한 의사이고 막내동생은 전 러시아 대사관 영사로서 러시아의 정치가들에게 큰 영향력을 갖고 있었다.

샤지에프 집안은 소그드인의 상술을 국제적으로 널리 알린 집안이다. 형제가 리스크를 분산해 가지면서도 서로 협력한다. 매우 결속력이 강한 가족이다.

강인하게 사는 소그드인의 모습을 보면서 나는 늘 생각한다.

세계는 넓고, 나는 우물 안 개구리다. 그들에 비하면 아직 더 성장해야 할 협상가다.

하지만 일본인이 능력에서 뒤쳐져 있는 것은 아니다.

단지 해외에 나가 협상하는 일에 익숙하지 않을 뿐이다.

그러니까 우선 해외로 나가 싸워보는 것이 중요하다. 내가 해외에서의 협상에 강한 것은 '방랑 백수' 시절부터 키워온 세상살이의 경험과 감 덕택이다.

쉽지는 않겠지만, 워커홀릭인 사람이야말로 세계를 방랑하는 여행에 나서봐야 한다.

큰돈은 지니지 말고, 돈이 떨어지면 현지에서 아르바이트를 할 생각을 하고 떠나야 한다. 그렇게 해서 세계 구석구석에 어떤 사람들이 있고, 어떤 생활을 하며, 어떤 생각을 하는지를 몸으로 느껴 보아야 한다. 그렇게 하여 닦은 견식은 해외의 대학에서 MBA를 취득하는 것보다 더 큰 비즈니스 스킬을 가질 수 있게 해준다.

협상이란 민족 간의 역사와 전통의 싸움이다. 정치, 외교, 장사, 경제, 모두 다 협상이 중요하다.

유대인은 자신이 태어난 곳에서 쫓겨나 4000년이나 방랑했다.

소그드인은 사방에서 침략해 들어오는 이민족에게 말살당하여 '이제 소그드인은 사라졌다'라고 공언된 시대를 몇 차례나 넘겨야 했다.

하지만 그런 속에서도 살아남았다.

그들이 살아남을 수 있었던 건 스스로가 적자생존의 원칙에 맞았기 때문이다. 즉 유연성이 풍부했던 것이다.

빙하기에 맘모스가 살아남지 못한 것은 유연성이 없었기 때문이다. 거대하고 강건한 몸을 자랑했지만 지구의 기후 변화에 대응하지 못했다.

한편 인류는 짐승의 털을 둘러쓰고 동굴로 숨어 들어가 불을 피워 살아남았다. 인류는 유연성 덕택에 지구의 패자가 된 것이다.

이건 협상에만 한정된 이야기가 아니다. 비즈니스를 하는 데 있어서도, 살아가는데 있어서도 유연성은 중요하다.

소그드 상인의 유연한 협상 기술을 보고 있자면 누구나 그렇게 느끼게 된다.

비밀 군사 도시에서
티타늄을 독점하다

열렬한 중국 팬이었는데 중국이 싫어진 이유

내가 중앙아시아의 자원 개발에 몰두하기 시작한 계기는 1989년에 일어난 천안문 사태였다. 나는 그때 중국 출장 차 천안문에 갔다가 미처 빠져나오지 못한 상태였다.

호텔 창으로 아래를 보는 동안 민주화를 요구하는 3000명의 학생과 시민이 천안문에서 총격을 당하고, 장갑차에 깔려 죽었다.

"도대체 뭐야, 이 나라는!"

1979년부터 중국에서 비즈니스를 해 온 열렬한 중국 팬이었던 나는 이 비정상적인 광경을 목격한 후 중국이 싫어졌다.

그와 동시에 중국에서 안정적으로 자원을 공급받는 게 가능할까 하는 의구심이 생겨, 어딘가 다른 곳을 찾아야겠다는 생각을 하게 됐다.

그 즈음 중앙아시아를 돌기 시작했다.

회사에는 '개발'이라고 말했지만, 실은 구경하며 놀러 다니는 방랑이었다.

이 지역을 찾은 것은 앞에서 이야기했듯이 코튼 린터 장사 때문이었는데, 그렇게 중앙아시아를 돌아다니는 사이에 여기가 희소금속의 보고라는 사실을 알게 되었다.

중앙아시아를 돌아다니다 보면 여기저기에 광산이나 자원 가공 공장이 서 있는 것을 볼 수 있었다. 여기는 굉장한 자원 대국이었던 것이다. 하지만 그런 정보는 일절 오픈되어 있지 않았다.

위험지대에 비즈니스 찬스가 있다

비밀의 보물을 앞에 두고, 나는 도파민이 넘쳐나는 것을 느꼈다.

소련이 붕괴하고 고르바초프가 개혁을 추진하는 가운데, 누구도 중앙아시아에서 장사를 할 수 있다고는 생각하지 않았다. 하지만 나는 '경쟁 상대가 없는 지금이야말로 찬스가 아닌가'라고 생각했다.

나는 뭔가 테마가 있으면 일단은 그것을 긍정한다. 한동안 지난 뒤에 '잠깐만' 하고 다시 생각한다. 본질을 분석하기 위해 이번에는 그 테마를 부정하고 다른 가능성을 검토한다.

장사를 할 때도 달콤한 이야기가 눈앞에 굴러다니고 있으면 '잠깐만. 뭔가 문제가 있는 거 아냐? 그런 달콤한 이야기가 지천으로 굴러다닐 리 없잖아'라고 생각한다.

거꾸로 위험한 일이라며 주위에서 반대할 때에는 '아니, 경쟁 상대가 없으니까 비즈니스 찬스가 있다는 거 아냐'라고 생각한다.

일본인 최초로 비밀 군사 도시를 가다!
공장 대폭발로 귀국 명령이 내려온 것도 무시하고 머물다

카자흐스탄은 희소금속의 보고다.

잘하면 단숨에 공급원을 확보할 수 있다. 선수필승으로 경쟁 상대가 없을 때 먼저 확보한다는 것이 나의 예풍(藝風)이다.

다만 당시에는 공안 경찰이 눈을 빛내고 있었으므로 현장을 자유로이 돌아다니며 볼 수가 없었다.

그래서 나는 세르게이라는, KGB에서 퇴역한 남자를 고용했다. 세르게이에게 부탁하니 어떤 수단을 썼는지는 알 수 없었지만 필요한 입국 비자를 금세 구해 왔다.

세르게이는 또한 러시아나 카자흐스탄의 내부 정보를 모두 알고 있었다.

"나카무라 씨, 카자흐의 산 깊숙이에 비밀 군사 도시가 있다는 사실을 아나요?"

"모르는데. 거기에 뭐가 있는데?"

그러자 세르게이는 작은 소리로 "티타늄"이라고 했다.

"그 말을 왜 이제 해!"

나는 빙그레 웃었다. 티타늄은 빅 비즈니스감이다.

나는 세르게이의 안내로 동 카자흐 주의 우스치-카메노고르스크라는 군사 도시로 들어갔다.

그러나 경찰 측에서 입국 비자를 내주지 않았다. 다시 신청하고 현지에서 한동안 기다렸지만, 역시 안 됐다.

"나카무라 씨, 돈을 써야 해요."

세르게이는 돈을 가지고 어디론가 가더니 다음 날 비자를 가져왔다.

나는 이렇게 해서 일본인 제1호로 동 카자흐 주의 우스치-카메노고르스크라는 군사 도시를 방문하게 됐다.

그런데 하필이면 그때 이곳의 베릴륨 공장이 대폭발하는 사건이 일어났다.

베릴륨은 맹독이다. 타스통신의 보도로 이 소식을 알게 된 본사에서 철수하라는 전화가 왔다.

"나카무라, 어서 일본으로 돌아오게! 현지에 더 있을 필요가 없어."

하지만 나는 그 말을 무시하고 현지로 들어갔다.

베릴륨은 일단 폭발하면 산화물이 된다. 공기에 닿은 산화베릴륨은 무해하다.

그러니 눈앞에 보물의 산을 두고 어찌 그냥 갈 수 있겠는가.

우선은 톱을 잡는 것이 협상의 ABC

우스치-카메노고르스크는 자원이 풍부한 지역이어서 러시아는 이곳을 자원 공급지로 지정했고, 우수한 러시아인이 20세기 초반부터 들어와 자리를 잡았다.

그래서 우스치-카메노고르스크에는 러시아인이 많았다. 인구의 60퍼센트가 러시아인이다. 카자흐인은 30퍼센트 정도.

카자흐인은 단순노동을 했고, 채광과 탐사, 제련 등의 주요 기술자는 모두 러시아인이었다.

나는 우스치-카메노고르스크에 들어가긴 했지만 목표인 스펀지 티타늄 공장에는 접근할 수가 없었다.

높은 벽. 철조망. 주위에 포진한 수많은 군인들. 주변에서 공장을 바라봐도 해결책이 나오지를 않았다.

'이건 마치 수용소 같군. 이건 정치적으로 접근하지 않으면 장사가 안 되겠어.'

나는 세르게이에게 지사(知事)를 소개해 달라고 부탁했다.

공산주의 국가에서는 무엇을 하더라도 우선은 톱을 잡아야 한다는 것이 협상의 ABC이다.

얼마 안 있어 세르게이는 나를 오마로프 지사에게 데려가 주었다.

나는 오마로프가 있는 곳을 부지런히 드나들며 갈 때마다 일본의 선물을 건네주면서 차차 친해졌다. 식사를 하거나 술을 마시거나 하는 사이에 조금씩 정보를 듣게 되었는데, 그러는 사이에 중요한 사실을 알게 됐다.

목표인 스펀지 티타늄 공장의 공장장이 오마로프와 대학 동급생이었던 것이다. 나는 오마로프를 통해 공장장인 샤흐메토프를 소개

받았고, 그렇게 해서 드디어 스펀지 티타늄 공장에 접근할 수 있게 되었다. 나는 샤흐메토프 공장장에게 스펀지 티타늄을 사고 싶다고 했다.

그러나 당시 카자흐스탄은 아직 소련에 속해 있었고, 연방의 대외무역부가 수출입에 관해 엄격한 규제를 했기 때문에 공장장에게는 결정권이 없었다.

샤흐메토프 공장장은 대신 자신의 상사를 통해 모스크바의 대외무역부 부장을 연결해 줬다.

이렇게 해서 결국 티타늄 비즈니스를 시작할 수 있게 되었다.

100엔짜리 초콜릿과 쿠키가
귀중한 정보를 날라다 준다

나카무라식 '일본인이라는 것을 활용한' 비밀의 협상 병기

오마로프 지사로부터 우란 공장, 탄탈 공장 등의 최고경영자를 차례차례 소개받았다.

이런 공장들은 다차라고 불리는 별장을 갖고 있었다.

6월에서 9월의 여름 동안, 멋진 자연 속에서 우호를 다졌다. 하루 온종일 보드카를 마시면서 서로 간에 비즈니스 인맥을 맺어갔다.

당시에는 알코올 중독인 사람도 많았다.

최고경영자인 공장장이 원 맨 스타일인 사람들뿐이라서 넘버 투, 넘버 쓰리 등 중간관리직은 업무 스트레스가 많아 대부분 알코올 중독이 되어 있었다.

하지만 이런 사람들하고도 사이가 좋아져서 공장의 여러 가지 사정을 들을 수 있었다.

컨트리 리스크가 높은 나라이므로 이런 식으로 리스크를 최소화하면서 일을 추진해야 했다.

티타늄 공장에서의 비즈니스가 점점 커지면서 최고경영자하고도 나날이 혹독한 협상을 벌여야 했지만, 동시에 현장 레벨에서 기술자, 물류 담당자 등과도 친교를 나눴다.

장사를 하다보면 여러 가지 노하우가 생기는데, 그중 하나는 늘 일본의 과자나 문구류 등을 선물로 가지고 다니는 것이다.

고급 과자를 가져가는 건 아니다. 슈퍼마켓에서 100엔 정도에 파는 초콜릿이나 쿠키 종류다. 그런 것을 현장 사람들에게 선물하며 "아이들에게 선물로 주세요"라고 말한다. 아이들이 좋아하니까 현장 사람들도 좋아한다.

이런 식으로 차차 사이가 좋아지면 기업의 비밀을 조금씩 들을 수 있게 된다.

리스크를 가능한 한 낮추기 위해서는 현장의 기술자로부터 나오는 정보가 필요하다.

나는 한 번 출장 가면 목적하는 비즈니스가 가능해질 때까지 1주일은 현지에 머문다.

그러면서 과자, 문구, 만화, 애니메이션, DVD 등을 경우에 맞게 선물로 돌린다.

또 한 가지 중요한 것은 상대의 문화를 아는 것. 즉 공감이다.

중앙아시아 사람들은 겉으로 드러난 얼굴과 뒤에 가려진 얼굴이 전혀 다르다.

따라서 민족의 역사, 종족의 성립 등을 배경으로 하는 미묘한 문

화적 차이를 이해하지 않으면 여간해서는 비즈니스가 안 된다.

예를 들어 같은 민족이더라도 혈연이나 지연이 다르면 노는 물이 다르다. 그러면 서로 간에 협력하지 않는다. 여기에 다시 정치와 경제가 뒤섞인다.

거기까지 들어가지 않으면 중앙아시아에서 장사하기 힘들다.

일본의 큰 상사가 아무리 중앙아시아를 들락거려도 비즈니스가 잘 안 되는 것은 인간 대 인간의 관계를 충분히 구축하지 않고 오로지 돈만 믿고 장사를 하거나, 정부의 ODA와 관련된 사업만 찾아다니기 때문이다.

내가 비밀 군사 도시에 들어가 비즈니스를 크게 성공시키고 나서 초리의 사장이 현지를 찾아왔다.

현지에서는 지사를 비롯하여 공장장, 시장 등 주요 인물이 모두 참석하여 사장을 위한 대 연회를 열어 줬다.

대 연회는 중국과 카자흐스탄의 국경지대에 있는 자이산 호라는 커다란 호숫가에서 했다.

그 호수의 이름인 '자이산'이 일본어로 '재산'을 뜻한다는 것이 이채롭다. 자이산 호에 낚싯줄을 던지면 가이코 다케시(일본의 소설가. 역자 주)가 북해도에서 격투를 벌였다는 '환상의 물고기 이토우' (이토우는 연어과에 속하는 담수어. 희귀성으로 인해 '환상의 물고기'라 불린다. 역자 주)가 연달아서 얼마든지 잡혔다.

아무도 거기서 낚시를 하지 않기 때문에 그런 진기한 물고기나 대어가 많이 잡혔던 것이다.

일행은 우스치-카메노고르스크에서 군용 헬리콥터를 타고 며칠 동안 준비한 자이산 호 연회장으로 이동했다. 열 명 넘게 탄 헬리콥터 너댓 기가 이동했다.

일본에서 온 초리 사람이 예닐곱 명, 현지 관계자가 예닐곱 명, 카자흐스탄의 높으신 분들이 대략 스무 명쯤, 현지에서 연회를 준비해 준 사람이 역시 스무 명쯤. 총 인원 오륙십 명이 참석한 대 연회였다. 순백색 게르(유목민족의 이동식 주거) 여러 개를 자연 속에 세웠다.

일단은 보드카부터 마셨다.

그런 자리에서는 술이 센 사람이 존경받는다. 그래서 모두 엄청 마셔댔다. 나는 보드카를 두 병쯤 마셨는데, 초리 사장은 그 이상 마셨다.

통역으로 데려갔던 초리 사원들이 차례차례 쓰러졌고, 나와 사장은 어떻게든 살아남았다.

나에게 연설을 하라고 하여 기분 좋게 이야기를 풀었다.

중앙아시아에서는 연설이 중요한 의미를 갖고 있다.

함께 비즈니스를 하려면 상대에게 자신의 풍부한 인간성을 보여주고 공감을 나누는 능력이 매우 중요하다.

장사 재주보다도 인간적인 매력, 시인과 같은 표현력, 그리고 지혜를 갖고 있지 않으면 최고경영자와의 교제는 잘 되지 않는다.

중국과 카자흐스탄 국경지대의 대 초원. 멀리는 텐산 북로가 보이고, 가까이에는 자이산 호가 파랗게 빛난다.

실로 역사를 초월하여 아름다운 시간을 함께 나눈 황홀한 한때였다.

아바이 쿠난바에프라는 카자흐 시인의 시를 얼후라는 악기의 연주에 맞춰 노래하며 함께 춤을 췄다.

눈을 감으면 정말로 우리들이 실크로드의 대상(隊商)이 된 듯한 기분이 들었다.

밤이 되어 순백색 비단 게르가 달빛에 반짝이고, 하늘에는 하나 가득 별이 빛나기 시작했다.

행동과 경험만이
통찰력을 높여 준다

✦✦✦ 사업에 실패하거나 승부에 졌을 때에도, 자신의 운명을 받아들일 수 있는 사람은 결국에는 이긴다. 실패하거나 패배해도 그것마저 즐겁다고 할 수 있는 정신이 중요하다.

해외 방랑에 필요한 것은
돈보다 'ODA'다

본사의 판단을 기다리지 않고 75억 엔짜리 거래를 현장에서 즉결!

나는 어떤 경우에도 도망가는 일 없이 적극적으로 밀어붙인다.

그렇게 해서 거둔 큰 성공으로는 카자흐스탄과 맺은 스펀지 티타늄 거래를 들 수 있다.

중앙아시아에서 스펀지 티타늄을 다루기 시작한 지 4년 째. 1997년분의 계약을 해결하기 위해 샤흐메토프 공장장과 협상을 할 때였다.

당시 스펀지 티타늄은 골프 클럽의 재료로 이용되기도 했고, 군 수요가 늘어난다는 소문이 돌아 시장이 급속히 확대되는 추세로, 구미 시장에서는 단숨에 가격이 폭등했다. 이 파고는 반드시 일본에도 미칠 것이라고 판단했다.

'지금 확보해 두지 않으면 티타늄을 입수하기 어렵게 될 거야.'

그렇게 생각한 나는 과감히 8000톤, 금액으로 치면 75억 엔짜리 계약을 그 자리에서 결정했다. 그때까지는 1000톤, 6억 엔 정도의 분량을 구매했었기 때문에 금액으로는 평상시의 열 배가 넘는 거래였다.

사장이나 부사장에게도 허가를 받지 않았다.

거기는 중앙아시아의 깡촌이라 일본에 연락하기가 불편했다. 현지에 체재할 수 있는 시간은 사흘밖에 없었으므로 일일이 본사와 연락을 주거니 받거니 할 시간이 없었다.

75억 엔짜리 거래를 나 자신의 판단으로 즉결한 것은 도박이긴 했지만, 그냥 운을 하늘에만 맡긴 도박은 아니었다.

나는 가지고 있는 지식을 총동원하여 여러 가지 가능성을 노트에 정리하고 도식화하여 각각의 리스크를 따져 보고, 시장을 어느 정도 컨트롤할 수 있는지 나름대로 계산해 보았다.

'현재 확보된 고객과의 거래만으로도 전체 물량의 70퍼센트 정도는 소화할 수 있을 거다. 나머지 30퍼센트는 늘어나는 수요가 흡수해 주겠지.'

그런 판단 위에서 결단을 내린 것이다.

이 투기는 대성공이었다. 투기는 도박이 아니다. 통찰력을 동원하여 '모 아니면 도'라는 도박적 요소를 최소화한다. 투기란 리스크 회피책이다. 특히 프로 비즈니스맨이 통찰력과 책임을 갖고 실행하는 투기일수록 리스크 회피책이라는 의미가 커진다.

결과는, 내가 예측한 대로 시황이 급변하여 나 혼자서 회사에 7, 8억 엔에 달하는 이익을 가져올 수 있었다.

방법이 너무 파격적이다 보니 사내에서의 평판은 좋을 수가 없었다.

어떤 임원은 "저 녀석은 실 끊긴 연처럼 막 가는군" 하고 비난했다. 하지만 사장님은 "합리적인 판단이었네. 방법이 개구쟁이 같았을 뿐"이라며 옹호해 주셨다. 나아가 "이런 남자도 한 명쯤 있어야 회사가 발전하는 법이지. 하지만 나카무라 군이 열 명 있으면 회사가 망하고 말아" 하고 웃으셨다.

돈보다 필요한 'ODA'(저지르기·배짱·놀이)

투기를 하려면 통찰력이 필요하다.

나의 통찰력은 '방랑 백수' 시절에 길러진 것이다.

내가 방랑에 나섰을 무렵 일본의 경제 환경은 지금처럼 풍요롭지 않았고, 해외에 가지고 갈 수 있는 현금 한도는 500달러까지였다.

1달러가 360엔인 시절이었으므로 18만 엔이다. 그러나 나한테는 그런 거금을 준비할 능력이 없었다.

당시 대학 졸업생의 초임은 5만 엔 정도였다. 그러므로 단순히 계산해도 3개월 이상 정사원으로 일하지 않으면 저축할 수 없는 금액이었다.

당장이라도 여행을 떠나고 싶은 나에게는 그럴 시간이 없었다. 나는 아주 적은 돈을 들고 출발했다. 무전여행이나 다름없었다.

그런데 얼마 안 되는 돈조차 가치가 떨어졌다.

출발 3개월 후인 1971년 8월, 이른바 닉슨 쇼크가 일어났다.

미국이 무역 적자에 대한 대책으로 금과 달러의 교환을 중지하는 바람에 달러의 국제 신용력이 없어졌다. 내가 비장의 카드로 가지고 있던 달러의 가치는 끝을 모르고 폭락했다.

그때 이후로 나는 현금을 신뢰하지 않게 됐다.

결론을 말하자면 방랑 여행에 필요한 건 돈이 아니라 'ODA'다.

내가 말하는 ODA는 흔히 말하는 정부개발원조가 아니다. '저지르기'(Osi, 押し)와 '배짱'(Dokyo, 度胸)과 '놀이'(Asobi, 遊び)의 일본어 머리글자를 딴 ODA다. 나는 어디를 가든 이 ODA로 난관을 극복해 나갔다.

100억 엔짜리 큰일이 찾아왔다

하긴 진짜 ODA를 직접 다뤄본 일도 있었다.

1993년, 카자흐스탄 ODA 제1호였던 철도 프로젝트에 관여했었다. 100억 엔짜리 대형 프로젝트였다.

또 기술 ODA로서 비철연구소 프로젝트에 MMAJ(금속광업사업단)와 함께 참여했으며, 자원개발 ODA인 카라오토켈 광산의 자원 탐사에도 관여했었다.

당시 내가 ODA에 주력한 이유는, 1993년은 버블 붕괴로 인해 일본의 경기가 안 좋아서 카자흐스탄과 일본을 오가며 하는 티타늄 비즈니스 외에는 다른 일을 할 회사 자금이 없었기 때문이다.

기술 ODA나 자원 개발 ODA를 하면 상대국과의 관계도 깊어지고, 정부에서 매년 2000만 엔 정도의 조사비용이 나왔다.

다만 초리에서는 그때까지 아무도 ODA 업무를 해 본 사람이 없었다. 솔직히 말해 고생스러운 일이었다. 대형 상사라면 그러한 안건을 전문으로 다루는 스태프가 있어서 분업이 가능했겠지만, 초리에서는 처음부터 나 혼자서 해야 했다.

이리 뛰고 저리 뛰고 하며 프로젝트의 방향을 잡은 뒤에 회사의 중앙아시아 철도 프로젝트 팀에 넘겼다.

100억 엔짜리 큰일이었지만 해 보니까 되었다.

처음이자 마지막으로 정부 예산을 획득했던 그 실크로드 ODA 철도 프로젝트는 대성공을 거뒀다.

일단 해 보자는 적극적인 태도는 해외를 방랑하면서 겪은 다양한 경험을 통해 키워졌다.

아마존의 밀림에서는 캄캄한 어둠속에서 흰뱀과 격투를 한 경험이 있다.

그날 나는 초승달이 뜬 밤에, 샘터 가까이에 있는 나무에 올라 사슴과 멧돼지가 물을 마시러 오는 것을 숨죽여 기다렸다. 88구경 라이플을 손에 쥔 채.

사냥을 하는 데에는 바람의 방향이 중요하다. 바람을 마주본 상태에서 동물을 기다려야 한다. 동물은 냄새에 민감하기 때문에 바람을 등지고 있으면 바로 들킨다.

밤 10시 반부터 두 시간을 기다렸다. 주위는 캄캄했다.

나는 1주일 동안 총 쏘는 연습을 했었다.

손전등과 88구경 총을 함께 들고 기다리는데, 바스락거리는 소리가 난다고 바로 손전등을

켜서는 안 된다. 그러면 바로 도망가 버린다.

더 기다리다가 홀짝홀짝 물 마시는 소리가 들려오면 그 순간 빛을 들이대는 거다. 동물은 안전을 확인하고 물을 마시기 시작하면 빛을 비춰도 도망치지 않는다. 그럴 때 탕 하고 쏘는 거다.

그 연습을 1주일 동안 계속 했는데도 막상 현장에 나오니 꽤 무서웠다. 만약 표범이 나타나면 나무 위에까지 올라올 거다. 그러면 나는 순식간에 끝난다.

그런 생각을 하고 있을 때 2미터 쯤 앞에서 갑자기 소리가 났다.

바스락거리는 소리가 나더니 거대한 흰뱀이 불쑥 나타난 것이다. 이때는 정말 놀랐다. 나는 "우왓" 하고 소리를 지르며 나도 모르게 방아쇠를 당기고 말았다.

탕! 탕! 탕! 세 발을 쐈다.

총성이 온 숲에 울려 퍼졌고, 잠시 뒤에 다시 정적이 찾아왔다.

"나카무라 씨, 뭐하는 거야? 나 참, 정글 안의 동물이 다 도망갔잖아."

함께 갔던 사냥꾼이 어이없다는 듯이 말했다.

볼리비아에서는 거대한 엘리게이터를 잡은 적이 있다.

엘리게이터를 발견하고, 소리가 안 나게 조용히 다가간다. 그리고 엘리게이터의 눈에 갑자기 확 하고 불빛을 갖다 댄다.

엘리게이터는 야행성이라 빛을 비추면 놀라서 가사상태가 된다. 그때 입에 나무 조각을 물린 다음 입을 벌리지 못하게 로프를 빙빙 감아서 묶고는 커다란 텐트 천으로 온 몸을 둘둘 말아 집으로

  방랑 백수, 세계일주로 5천억 부자 되다

옮긴다.

그렇게 잡았는데 아침에 보니 엘리게이터를 싸 두었던 천이 텅 비어 있었다.

도망친 거다. 총출동하여 온 집안을 다 뒤지다가 마당 구석에서 엘리게이터를 찾아냈다.

"나카무라 씨, 총으로 쏴."

"싫어. 살생은 하고 싶지 않아."

현지 사람이 총으로 탕탕 쐈다.

죽었는데도 꼬리가 움직였다. 무서운 생명력이다. 엘리게이터는 몸의 3분의 2가 꼬리인데, 그 부분은 먹을 수 있다. 조리를 하려고 껍질을 벗기는데 그때까지도 움직이고 있었다.

점심 메뉴로 엘리게이터를 먹었다. 튀기니까 닭튀김 비슷한 맛이 났는데, 입 안에서 갑자기 움직이는 게 아닌가 싶어 불안했다.

이러한 비일상적인 경험이 나의 피가 되고 살이 되었다.

한 치 앞은 어둠이다. 아마존의 깊은 숲처럼 캄캄하다. 하지만 그 어둠을 지레 무서워하여 집 안에 움츠리고 있으면 바뀌는 건 아무것도 없다.

그러므로 'ODA'의 마음가짐으로 한 발 내딛어본다.

그러면 어둠이라고 생각했던 세계에 빛이 비치고, 새로운 활동의 무대가 펼쳐진다.

때로는 어둠속에서 뱀이나 엘리게이터가 튀어나올지도 모른다. 그건 그것대로 괜찮다. 행동한 자에게만 주어지는 보물이라고 생각

하고 감사히 받으면 된다. 그런 보물이 축적되면서 통찰력이 갈고
닦인다.

한 발을 내딛으면 인생은 확실히 바뀐다. 적어도 내 경험으로는
그랬다.

언어의 벽은
약간의 용기만 있으면 바로 넘을 수 있다

26세에 입사 후 3년간 관리 부서에서 푹 삭았다

이런 말을 하는 나도 처음부터 박력 있게 일을 할 수 있었던 것은 아니다.

'방랑 백수'였던 나는 남들보다 4년이나 뒤늦은 26세에 중견 상사 초리에 입사했다. 상사를 골랐던 것은 브라질에서 만난 상사맨들의 위풍당당함에 마음을 빼앗겼기 때문이다.

오랜 기간에 걸친 빈곤한 생활에 안녕을 고하고 한방 멋지게 날리려면 상사맨이 좋겠다고 생각했다.

당시의 상사는 좋은 시절 덕이었는지 괴짜나 열등생, 불량품도 어지간하면 다 받아들여 줬는데, 그것이 나에게는 행운이었다.

하지만 입사 후 3년간은 관리 부서에서 푹 삭았다.

'해외에서 활약하고 싶어서 상사맨이 됐는데, 이게 도대체 뭐야' 하고 매일 투덜거렸다.

결국 영업부로 옮겼지만, 장부나 정리하고 보고서나 쓰는 나날이 계속되는 건 마찬가지였다. 내가 마음속에 그렸던 상사맨의 이미지와는 상당히 거리가 먼 생활을 해야 했다.

사무 업무 틈틈이 무기(無機)약품을 팔기도 했지만, 이것도 그저 그랬다.

무기약품 도매상을 돌아다녀도 중년 아저씨들이 술, 스포츠, 마작, 여자 이야기만 할 뿐이니 전혀 공부가 되지 않았다.

'나는 장사 이야기를 하고 싶어.'

그렇게 생각하며 점점 기가 죽어가고 있었다.

그러던 중 어느 도매상의 영업사원에게서 "나카무라 씨, 중국에서 텅스텐이나 몰리브덴이 제법 나온다던데, 아세요?"라는 말을 들었다. 나는 내심 '이거, 괜찮은 이야기인데'라고 생각했다.

그리고 마치 내가 조사한 정보이기라도 한 것처럼 "중국에는 몰리브덴이나 텅스텐 같은 자원이 풍부합니다. 이건 돈이 될 거예요"라고 상사에게 말했다. 근거 따위는 전혀 없었다.

하나든 둘이든, 어쨌든 건수를 올려 돌아가기 위해 중국을 뛰어다니다

그렇게 하여 1979년 가을, 광주(廣州)에서 열린 무역박람회에 참가하게 됐다. 대만이나 싱가포르는 잘 알고 있었지만 중화인민공화국이라는 대륙에 가는 것은 이때가 처음이었다. 대륙에서는 공산권 특유의 삼엄한 분위기가 느껴졌다.

공산당이 지배하는 나라는 러시아 정도밖에 몰랐으므로 중국의 광경은 모든 것이 무척 새롭게 보였다.

입사한 뒤로 업무상 출장을 가는 것도 이번이 처음이었으니, 첫 출장지로 중국행을 결정한 것은 당시로서는 대단한 결단이었다.

하지만 나에게는 더 없이 좋은 찬스였다.

'중국 일을 성사시켜서 나를 우습게 봤던 사람들 앞에 보란 듯이 돌아와야지!'

나는 무역박람회장을 열심히 뛰어 돌아다녔다. 하나든 둘이든, 어떻게든 건수를 올려서 돌아가겠다는 생각으로 열심히 뛰었다.

첫 해외 출장에서 '해냈다'는 자신감을 가지다

하지만 언어의 벽이 높았다. 상대의 말을 알아들을 수 없으니 이야기가 안 통했다.

초리의 중국 무역실 멤버는 모두 중국어를 잘했다. 하지만 그들은 자기들이 동행한 고객을 위해 통역을 할 뿐, 이제 막 일을 시작한 나는 거들떠보지도 않았다. 풋내기인 나를 상대해 주는 사람은 아무도 없었다.

'그렇다면 영어로 할 수밖에 없지!'

당시 중국 공사(公司) 담당자 중에 영어를 잘하는 사람은 적었지만, 비교적 시간 여유가 많아서 커뮤니케이션을 할 수는 있었다. 언어의 벽은 시간과 약간의 용기만 있으면 바로 넘을 수 있다.

그것은 '방랑 백수' 시절에 배운 것이다. 나는 물을 만난 물고기처럼 회의장 안을 돌아다녔다. 정말 보람 있는 하루하루였다.

중국인과 함께 하는 연회에도 처음으로 참석해 봤다.

마오타이주도 처음으로 마셔 봤다. 매우 독한 술인데, 모두가 "간베이"라고 외치며 단숨에 마셔 버리는 것이었다. 나도 흉내를 내 봤지만, 처음에는 목에 걸려 넘어가질 않았다.

"깐뻬이", "깐뻬이"를 연발하며 곤드레만드레가 될 때까지 마셨다.

수면 시간은 매일 세 시간 정도. 하루 일정이 끝나면 매일매일 회사와 연락을 취하거나 일본 내의 고객과 통화를 했다.

전쟁 같은 나날이었지만, 지금까지 해 보지 못했던 충실한 경험을 할 수 있었다.

이 첫 번째 해외 출장이 나의 앞날의 방향을 결정했던 것 같다.

이때 처음으로 텅스텐 장사를 해 봤다. 양은 겨우 5톤. 지금이라면 20톤 단위로 최하 열 컨테이너 이상 계약하는 게 기본이니 정말 아무것도 아닌 장사였지만, 나로서는 처음 하는 장사였던 만큼 계약서에 사인할 때는 손까지 떨렸다.

드디어 '해냈다'. 나는 자신감으로 충만해졌다.

첫 클레임에 눈물짓고 장사의 원점을 알다

그런데 이 텅스텐이 큰 클레임을 낳았다. 하지만 결과적으로는 그것도 나의 자신감의 일부가 되었다.

중국에서 도착한 드럼통 안에는 쓸데없는 물건이 잔뜩 섞여 있었던 것이다.

드럼통은 울퉁불퉁. 안에는 비닐이니 종이 쓰레기, 실 쓰레기, 나뭇조각 등이 섞여 있었고, 심지어 벽돌까지 나왔다.

나를 통해 텅스텐을 사들인 고객 회사의 공장장은 크게 화가 났다.

그 호랑이 공장장에게 두 시간 넘게 호된 야단을 맞으면서, 태어나서 처음 겪는 일에 나는 그만 울어 버렸다.

하지만 침울해 해 봤자 무슨 소용이랴. 납작 엎드려 머리를 조아리고 성심성의를 다해 해결하자고 마음먹고, 용서해 줄 때까지 줄곧 이 고객의 공장을 드나들었다. 변명하지 않고 고객의 이야기를 들은 것이 좋게 보였는지 운 좋게 그의 마음에 들 수 있었고, 결국에는 같은 수량의 추가 주문까지 받게 되었다.

이 건을 나 혼자서 해결하고 나자 정말로 자신감이 붙었다.

'초심을 잊어서는 안 된다'고 마음에 새겼다. 중국 무역의 여명기는 클레임과의 투쟁의 연속이었다. 솔직히 말해서 클레임 없는 거래가 없었다. 그 정도로 당시의 중국 무역은 지독했다.

문화대혁명의 후유증으로 공장의 품질 관리가 형편없었고, 그 때문에 클레임이 계속 생겼고, 그 클레임을 해결해 나가면서 많은 것을 배웠다.

상거래란 신용을 중시하는 상대와 신의와 성실을 바탕으로 추진하는 것이라는 철학을 이때 단단히 익혔다.

빨리 좌절하는 편이
낫다

마음이 꺾일 듯하면 나서서 스스로 꺾어라

살다 보면 마음이 꺾일 것 같은 때가 있다.

무엇을 해도 잘 풀리지 않는다. 끙끙거리며 온갖 수단을 다 강구해도 전혀 좋아지지 않는다. 자신감도 없다.

내가 초리에 입사한 것은 26세 때였다.

입사해 보니 주위는 정상에서 조금 벗어난 별난 사람들뿐이었다. 당시의 인사부장이 그런 스타일의 사람들을 선호했던 것 같다.

당시의 초리는 여러 상사 중 네 번째로 인기가 있었다.

사실대로 말하자면 내가 첫 번째로 희망한 곳은 이토추상사였다. 이미 이토추상사에 취직이 내정되어서, 남은 건 형식적인 최종 면접과 입사식에 출석하는 것뿐이었다. 대학에서 목재 자재를 연구한 데다 브라질 생활을 경험한 덕에 목재부에 내정되었고, 입사 후 1년 안에 브라질로 발령이 날 거라는 말을 들었다.

그런데 동시에 초리에도 입사가 내정되었다. 둘 중 어느 쪽에 입사할지 결정 못한 채 입사식 날을 맞이했다.

두 회사가 같은 날 입사식을 했고 장소도 가까웠다. 나는 이토추상사 쪽으로 가기로 하고 입사식 장소에 도착했으나, 들어가지 않은 채 한동안 밖을 서성거렸다.

그리고 결국 어려운 길을 선택하기로 결정하고 발길을 돌렸다.

인기 면에서는 초리 쪽이 앞서지만, 회사 규모로는 이토추상사 쪽이 열 배 가까이 크다. 객관적으로 보면 이토추상사 쪽이 안전한 길이었다.

하지만 초리의 인사부장이 마음에 들었고, "뭘 해도 좋다"라는 말도 매력적이었다. 이 선택은 지금도 정답이었다고 생각한다.

"뭘 해도 좋다"는 말을 듣고 회사에 들어갔지만 실제로는 아무것도 할 수 없었다.

남들보다 꼬박 4년 늦게 사회인이 되었다. 나이는 먹었지만 일은 못했다. 나보다 나이 어린 선배에게서 "나카무라는 일을 못해"라는 말을 들을 때에는 자존심이 팍팍 상했다.

하지만 고민하고 또 고민한 끝에 깨달음의 순간이 왔다.

"그렇구나. 난 정말 일을 못하는구나."

이렇게 스스로 마음을 꺾었다.

가장 나쁜 것은 마음이 꺾일 듯 말 듯한 상태로 머뭇거리면서 자신을 탓하고, 상대를 탓하고, 질질 끌면서 해결책으로부터 계속 멀어지는 거다.

재빨리 마음을 꺾어 버리면 자신의 좋은 점과 나쁜 점을 뚜렷하게 볼 수 있다.

자신의 부족함을 인정하지 않고, 부족함을 지적받을 때 "제기랄!" 하며 감정적으로 반응하다 보면 감정의 보자기가 사실을 둘러싸 버려서 사실을 사실대로 보지 못하게 된다.

일을 못한다는 사실을 받아들이고 솔직한 자세로 배우면 된다.

나는 사실을 인정하고 '어디, 앞으로 1, 2년만 지나봐. 넌 내 부하야' 하고 마음속으로 별렀다. 그런 강한 성질은 절대로 무너뜨리지 않았다.

사람은 강하기만 한 게 아니다. 누구나 약한 부분을 갖고 있다.

뭔가에 도전할 때 '그만둬 버릴까', '그만 포기할까', '도망쳐 버릴까' 하는 약한 마음이 부풀어 오른다. 그럴 때 어떻게든 그런 마음을 극복해야 한다.

그러기 위해서는 자신을 낱낱이 드러내고, 문제에 대해 정면으로 부딪쳐 가야 한다. 그때 비로소 진정한 자신의 힘이 나오는 거라고 나는 믿고 있다.

상처 입고 창피당하면서 여자를 사랑하라

좌절할까봐 겁내는 사람은 좌절에 대한 감성이 둔하다.

그냥 좌절하면 되는데 좌절하지 않으려고 도망치기 때문에 좌절에 대한 감성이 닦여지지 않는다. 좌절이 두려워 전력을 다하지 않거나 진심이면서도 진심이 아닌 것 같이 행동하거나 하면 모든 것이 하다 마는 식이 된다.

예를 들어 어떤 여자에게 반했다고 치자. 그런데 고백하면 거절당할 것 같다.

그래서 상처 입는 것이 두려워 그 사람을 사랑하는 것을 도중에 그만둬 버리고, 친구도 아니고 연인도 아닌 애매한 관계로 현상을 유지하려 든다.

그렇게 하면 상처 입지 않고 끝날 것이다. 좌절도 없다. 하지만 사랑도 없다.

그러면 안 된다. 상처 입고 창피당하면서 여자를 사랑해야 한다.

상처 입고 싶지 않다. 도망치고 싶다. 어떻게든 눙치고 넘어가고 싶다. 그런 마음은 충분히 이해할 수 있다.

그럴 때는 자신의 장래의 모습을 상상하면 된다. 자신이 진짜 프로가 되어 있는 모습을 떠올려 보는 것이다.

어떤 일에서의 프로란 그 일을 '다른 사람이 대신하게 하기 어려운 사람'을 가리킨다.

즉 그 사람이 없으면 조직이 곤란해지는 사람이다.

지금은 당신을 대신할 사람이 얼마든지 있을지도 모르지만, 어떤 사람이든 거기서부터 출발하는 것이다. 거기서부터 한 걸음씩 도전해 나갈 수밖에 없다.

그러니 끙끙거리지 말고 스스로 마음을 꺾어 버려라.

한 번 꺾어 버린 후 다시 한 번 산뜻하게 이어붙이면 된다.

실패하면
그 배로 벌어들이면 된다

석유업자 간의 전매로 1억 8000만 엔을 통째로 손해보다! 사표를 준비

최악의 상황이 되면 어떻게 대처할까.

일이 엉망이 되었을 때는 패닉 상태가 되어 머릿속이 새하얘진다.

하지만 그럴 때에도 잠깐 안정을 취하고, '이건 당연한 일이야'라고 생각하면 용기가 끓어오른다.

인생에서 좋은 일과 나쁜 일은 대체로 번갈아 찾아온다.

'화(禍)와 복(福)은 꼰 새끼줄 같이 번갈아 찾아온다'는 속담처럼, 나쁜 시기가 오는 것을 당연하게 받아들이면 마음이 편해진다.

지금은 잘 가고 있더라도 언젠가는 반드시 벽에 부딪히는 법이다. 좋은 시기만을 기대하는 사람은 일이 잘 풀리지 않을 때 침울해지고, '어째서 이런 일이' 하며 고민한다.

사업에 실패하거나 승부에 졌을 때에도, 자신의 운명을 받아들일 수 있는 사람은 결국에는 이긴다. 실패하거나 패배해도 그것마저 즐겁다고 할 수 있는 정신이 중요하다.

행동하다 보면 실패도 하기 마련이다. 격전장을 방불케 하는 비즈니스에 승부를 걸다 보면 그런 일은 비일비재하다. 이번에 실패했다 해도 다음에 그 배로 벌면 된다.

나는 아무리 큰 곤경에 처했을 때도 '죽지 않았으면 된 거야' 하고 스스로를 다잡았다. 그러는 사이에 배짱이 생겼다.

나는 큰 실패를 수도 없이 경험해 왔다. 나는 '실패의 백화점'이다.

가장 강렬한 실패 경험은 미쓰비시석유와 미쓰이광산의 소송으로까지 번진 석유업자 간의 전매 사건과 관련된 일이었다. 거기에는 오사카의 유명한 석유상 미즈이 준이치라는 인물이 얽혀 있었다.

당시에 나는 초리의 석유부장을 겸하고 있었으며, 실적이 올라가지 않는 이 부서를 어떻게든 해 보려고 필사적으로 뛰고 있었다.

미즈이 씨의 중개로 거래에 끼어들었는데, 순식간에 거래액이 7억 8000만 엔까지 부풀어 올랐을 무렵 한 거래처가 갑자기 부도가 나 버렸다.

6억 엔은 어떻게든 회수할 수 있었지만 1억 8000만 엔은 불량채권이 되어 돌이킬 수 없는 손해를 봤다.

나는 책임을 느끼고 사표를 준비했다.

두 사람의 '의협심'에 구사일생하다

그러나 어음이 결제된 이틀 후, 뜻밖에도 미즈이 씨로부터 1억

    방랑 백수, 세계일주로 5천억 부자 되다

8000만 엔이 입금됐다. 나는 그의 의협심 덕에 살아났다.

같은 초리 시절, 어떤 회사의 플렉시블 튜브(활처럼 굽은 스테인리스제 튜브. 화장실이나 설거지대 등에 사용한다)를 납품받아 수출을 했었는데 운 나쁘게 그 회사가 도산해 버렸다.

나는 이미 열흘쯤 전에 상품 대금을 지불했지만 아직 물품을 받지 못한 상태였다.

'이거 위험하군' 싶어 바로 달려갔다.

거기 사장은 고생을 많이 한 사람이었다. 당시 나는 40세, 사장은 45세인가 46세였다.

"상황이 어떻습니까?"

"나카무라 씨, 밤에 잠을 못 잤습니다. 그제 발행한 어음이 결제가 안 되면서 빚쟁이들이 잔뜩 몰려와서 말이지요."

이미 관재인이 들어와 있었고, 회사 주위에는 캐딜락이 서 있고 야쿠자가 어슬렁거렸다. 그렇다고 나도 포기할 수는 없었다.

"당신이 여기를 그만두면 내가 돌봐줄 테니까, 부탁이에요. 지금 걸려 있는 우리 분량만이라도 도와줘요. 목숨이 위험한 일은 아니니 부탁합니다."

사장은 한동안 생각을 하더니 결심한 듯이 말했다.

"일이 이렇게 됐으니 내일 밤에 만납시다. 내일 밤 10시에 차를 가져오세요."

실은 재고를 숨겨놓았었던 것이다.

그리고 '이 사람'이라고 생각했던 사람에게 그걸 내준 것이다.

덕분에 크게 마이너스가 되지는 않았다.

그 사장은 돈벌이가 힘든 소재를 붙들고 고생하던 사람이었다. 칠전팔기로 해 오다 도산했지만, 자신의 상품을 고생하며 팔아 준 고객에게 뒷발로 모래를 끼얹는 짓을 해서는 안 된다고 생각하여 관재인과 야쿠자의 눈을 피해 물건을 내준 것이다.

만약에 들켰다면 야쿠자에게 반죽음을 당했을 것이다.

이때도 그 사장의 의협심에 도움을 받았다.

3대 상사로부터 집요한 공격을 당하면서도 꺾이지 않고 앞으로

모라세스도 실패했다. 모라세스란 폐당밀, 즉 당밀에서 설탕을 뽑아내고 남은 것을 이르는 말이다. 이것은 소주나 화학조미료의 원료로 쓰인다.

그 무렵에는 모든 모라세스를 대형 상사인 미쓰비시상사, 미쓰이물산, 마루베니 등 '3M'이 컨트롤하고 있었다.

나는 '외야에서 손가락을 문 채 가만히 보고 있을 수만은 없다'라는 생각으로 아사히화성 구매부 과장과 협력하여 모라세스를 취급하는 제4의 그룹을 만들기로 했다.

3M은 모라세스를 필리핀과 태국에서 들여왔기 때문에, 나는 중국의 복건성에서 구입할 생각이었다.

하지만 그것은 쉬운 일이 아니었다. 민강이라는 강에서 배로 모라세스를 날라야 하는데 간조 때와 만조 때의 수위 차이가 3미터나 됐고, 물은 소용돌이를 치며 흘렀다.

배는 두 척을 사용하기로 했다. 얕은 물 쪽을 운항할 수 있는 배를 강기슭에 갖다 대고 여기서부터 펌프를 이용하여 본선으로 모라세스를 길어낸다는, 말도 안 되는 방식이었다.

나는 어려운 일이 있으면 흥분하는 성격이다. 아드레날린이 뿜어져 나와 '어떻게든 해내야지' 하는 마음으로 불타오른다. 이때에도 배송이라는 난제를 이런 식으로 해결했다.

배송은 해결했지만, 그때까지 모라세스를 독점했던 3M이 잠자코 있을 리 없었다.

초리 같은 작은 상사가 3M의 비즈니스를 잠식해 들어온 것, 더구나 담당자가 서른 살쯤밖에 안 된 젊은이인 데다 설탕에 대해서는 완전 아마추어라는 것, 일본의 설탕 시장에 중국의 모라세스를 투입한 것, 이 모든 것이 3M의 마음에 들지 않았을 것이다.

집요한 괴롭힘이 시작됐다.

어떤 때는 와세다대학 럭비부 출신인 미쓰이물산의 모라세스 담당이 "하룻강아지 범 무서운 줄 모르고 제멋대로 나서다니"라든가 "설탕은 꼬맹이가 다룰 수 있을 정도로 달지는 않아"라며 내 머리를 럭비공 같이 조른 적도 있다.

정치가를 움직여 초리에게 '즉각 손을 떼라'는 등의 압력을 가하기도 했다.

그래도 나는 '지금까지 아무도 한 적 없는, 중국에서 모라세스를 들여오는 장사에 성공했어!' 하고 자랑스러워했다. 그리고 아사히화성만이 아니라 협화발효에도 모라세스를 공급하기 시작했다.

그런데 협화발효는 미쓰이물산과 관계가 깊은 회사였던 터라 미쓰이물산으로부터 공격이 들어왔다. 협화발효와의 계약을 이행하기 위해 중국에 배를 보내려는데 미쓰이물산이 모든 배를 확보해 버려서 보낼 배가 없었던 것이다.

그래도 나는 이 사업을 성공시켜서 초리의 이익에 공헌했다.

첫 거래가 성공적으로 이루어졌을 때에는 복건성의 모라세스 판매처인 당업(糖業)공사의 시 씨, 황 씨와 연회에서 어깨를 얼싸안고 눈물을 흘리며 좋아했다.

백주(수수, 옥수수, 밀 등의 곡류를 발효시켜 만든 양조주를 다시 증류한 술. 고량주라고도 부르며 알코올 도수가 보통 30도를 넘는다. 마오타이(茅台), 우량예(五粮液), 펀주(汾酒) 등이 이에 속한다. 역자 주)를 마시고 취하기는 그때가 처음이었다. 어느 순간에 갑자기 취해 버리는 바람에 혼났다.

그 후 모라세스의 국제 시황이 저조해지면서 중국과의 거래 지속 여부가 불투명해졌다.

당업공사는 국영기업이었기 때문에 나와의 거래를 지속시키느라 고생하는 모습이었다. 나도 아사히화성이나 협화발효 등 고객에게 안정적으로 모라세스를 공급해야 했기 때문에 피차 거의 이익이 남지 않는 거래를 계속 해야 했다.

그간 진행된 몇 번의 협상으로 서로의 마음을 알 수 있었으므로, 이번 역시 팽팽하긴 해도 어떻게든 협상을 타결시킬 수 있을 거라고 생각했다. 다른 상사의 방해 때문에라도 중국과의 거래를 지속시키겠다는 의욕이 더 강해졌다. 지금까지도 벽을 극복해 왔으므로 자신이 있었다.

아사히화성으로부터 협상에 관한 전권을 위임받고, 설득 근거도 탄탄히 준비해 두었다.

이틀에 걸쳐 협상을 했으나 공사 내의 의견이 두 갈래로 나뉘어 수습이 어렵게 되었다.

'이번에는 어쨌든 거래가 계속되기만 하면 돼' 하고 마음을 정했다.

이익은 없지만 플러스마이너스 제로라면 어떻게든 해 볼 만하다. 이렇게 해도 안 된다면 내년에는 계속할 수 없는 거다. 그런 생각에서 내년으로 이어가는 데 필요한 최소한의 수량을 손실 가격으로 받아들이는 데까지 양보했지만, 결국 결렬로 끝났다.

공사에서는 나의 명분을 이해해 줬으나 인민정부의 상층부에서 반대가 있었다.

마지막 날 밤에 공사 측에서 연회를 열어 주었다.

협상이 결렬된 뒤의 연회만큼 재미없는 것은 없다.

닥치는 대로 백주를 마셨다. 취할 만큼 취해서 '이제 복건성에 올 일이 별로 없을 거다'라고 생각했다. 협상을 맡긴 아사히화성 등의 낙담하는 얼굴이 눈앞에 떠올랐다.

그간의 여러 가지 일들이 겹쳐 갑자기 눈물이 나왔다.

시 씨와 황 씨도 걱정해 줬다. 모래를 씹은 것 같은 느낌만이 남왔다.

그것을 마지막으로 복건성의 모라세스 비즈니스는 막을 내렸다.

다음해에 당업공사로부터 거래를 재개하고 싶다는 요청이 왔으나 응하지 않았다.

그로부터 10년 후에 희소금속 일로 복주를 다시 방문할 기회가 있었다.

시 씨는 병과 고령 탓에 만날 수 없었지만 황 씨는 총경리로 출세한 모습으로 잠시 보게 됐다. 우리는 둘 다 회한에 잠겼다.

의미도 없이 눈물이 나온 일

언뜻 덱스터 고든이 생각났다.

덱스터 고든은 미국의 재즈 색소폰 연주자다. 나는 그에게서 소니 롤린스나 존 콜트레인 같은 다른 재즈 색소폰 연주자에게서보다 더 깊은 인상을 받았다. 그는 영화 〈라운드 미드나이트〉에서 주연을 맡았었다. 재즈 팬이라면 덱스터의 라이브 연주를 듣고 눈물을 흘릴 것이다. 그는 격렬한 스윙이나 듣는 사람을 압도하는 발라드의 사이사이에 다른 연주곡의 어떤 파트나 다른 연주자가 연주한 솔로의 일부분을 가져다가 애드리브를 넣는다. 그 뛰어난 타이밍과 충격에 듣는 이들은 마음을 빼앗긴다.

'방랑 백수' 시절, 뉴욕의 워싱턴 광장 근처 그리니치빌리지에서 싸구려 숙소를 찾아 헤맨 적이 있었다.

방랑을 하다 보면 오늘 밤은 또 어디서 묵어야 하나 고민하는 날이 이어진다. 이동은 남의 차를 얻어타고 한다. 시간과 젊음이 있으나 어찌하랴, 돈이 없다. 하루에 쓸 수 있는 돈이 5달러밖에 안 되기 때문에 햄버거 한 개를 먹으면 끝이다. 호텔에 묵을 돈 같은 건 없다. 그러니 누군가의 집으로 굴러들어야 한다.

빌리지를 우왕좌왕하다가 빌리지 뱅가드라는 명문 재즈 클럽 앞에 서게 됐다.

그때 안에서 색소폰 소리가 들려왔다. 호쾌하면서도 섬세한 덱스터 고든의 테너 색소폰이었다.

1971년 여름, 노르웨이의 몰데 재즈 페스티벌에 간 적이 있었다.

거기서 만난 덱스터 고든의 테너 색소폰이 다시 들려왔던 것이다.

안에 들어가서 연주를 듣고 싶었다. 입장료는 30달러. 5달러로 하루를 버티는 몸으로서는 감당할 수 없는 거금이다.

나는 길가에서 파는 중고 군복을 사서 몸에 두르고 맹렬하게 몰아치는 찬바람을 맞으며 빌리지 뱅가드의 입구에 웅크리고 앉아 덱스터 고든의 테너 색소폰을 들었다.

아무 의미 없이 눈물이 났다.

이때의 연주에서만큼 마음에 남는 애드리브는 없었다. 어쨌든 눈물이 났다.

맨해튼에서의 고독, 미래에 대한 불안에 나온 눈물이었다.

뉴욕은 내가 아는 한 최고로 지저분하지만 미래가 있으며, 지치게 하지만 희망이 있는 곳이다. 많은 방랑자가 물어물어 이곳으로 모여들었다가는 다시 흩어진다.

마음에 뻥 하고 구멍이 뚫릴 때면 나는 곧잘 '방랑 백수' 시절에 뉴욕의 마천루 아래에 웅크리고 앉아 들었던 덱스터 고든을 떠올린다.

그리고 '아무리 어려워도 죽는 건 아니니 됐다' 하는 기개로 자세를 바로잡는다.

'방랑 백수'로
장사의 비결을 몸에 익혔다

✚✚✚ 상대와 협상을 할 때는 상대에 대해 알고 있어야 한다. 외국인과 협상할 때 일본인의 발상으로 해서는 못 이긴다. 그 나라의 문화를 이해하지 못하면 장사는 불가능하다. 이것이 40년간 세계를 방랑한 내 지론이다.

타국의 문화를 모르면
협상에서 지는 건 당연

현지인의 집에 뻔뻔스럽게 들어간다

2007년, 몽골에 갔다.

목표는 몰리브덴이었다. 몰리브덴은 스테인리스에 섞으면 내구성이 강해지며, 그 합금은 부엌의 싱크대 등에 사용된다.

몽골의 초원을 차로 달렸다.

몽골은 희소금속이 다량 잠들어 있는 나라지만 정치적인 사정 등으로 그때까지 개발되지 않은 채 남아 있었다.

몽골의 광산 개발은 지금은 일정한 영역 안에서만 할 수 있다. 그만큼 많은 곳이 미지인 상태로 남아 있는 자원 대국인 것이다. 목적지인 광산까지는 900킬로미터. 꼬박 이틀이 걸린다. 달리고 또 달려도 호텔은 눈에 보이지 않았다.

그래서 유목민의 게르에서 쉬기로 했다.

유목민의 모습을 발견하고 차에서 내려 다가갔다.

"들어가도 됩니까?"

느닷없이 남의 집을 방문. 일가족은 당황스러워했지만 뻔뻔스럽게 들어갔다.

아이들에게 과자를, 주인에게는 술을 선물한다. 이야기하는 사이에 금방 서로 친해진다. 한 시간 후에는 이웃 사람들도 모여서 환영 파티가 시작된다.

파티에는 노래가 따르기 마련이다.

그들은 몽골의 민요를 부르고 나는 소란후시나 구로다후시 같은 일본의 민요를 부른다. 그리고 거기서 하루를 묵었다.

키르기스스탄에서도 마찬가지로 게르를 발견하고 "하라쇼!"(러시아어로 '멋있다'라는 뜻)라고 외치며 다가갔었다.

"일본인입니다. 댁을 보여주세요."

게르 안에는 가족이 있었다. 그때에도 한 시간 후에는 연회가 시작됐다. 모여든 현지 사람들은 내가 〈사쿠라〉를 노래하자 손뼉을 치며 즐거워했다. 이것이 40년간 세계를 돌아다닌 나의 방식이다.

현지인의 마음을 붙잡으려면 그 나라의 민요가 최고

여행지에서 그곳 민족의 마음을 이해하려면 그 나라의 민요를 듣는 것이 최고다.

나는 방랑에 나서기 전에 '일본에는 엔카라는 청승맞은 세계가 있는데 이런 건 일본에만 있는 거고, 서양 문화에는 뭐든 세련되고

화려한 것만 있을 거야'라고 생각했다.

하지만 이건 말도 안 되는 오해였다.

흑인 영가에서 나온 블루스, 안데스의 포크 로레, 브라질의 쇼로, 포르투갈의 파드 등 애절함이 담긴 노래는 어느 나라에나 있다. 불가리아의 민요나 아일랜드, 러시아의 민요를 들어도 감칠맛이 있다. 인도나 한국의 트로트, 몽골의 호밍에는 한이 서려 있다.

민요의 가락에는 짜내는 것 같은 슬픔, 분노, 괴로움 등 모든 감정이 응축되어 있다. 말은 몰라도 노래 속에 담긴 애수라든가 슬픔에 한숨짓는 마음, 한 같은 것은 느낄 수 있다.

내가 비록 외국 문화를 공부한 것은 아니지만, 사람과 사람이 서로를 아는 데에는 음악이 최고라고 생각한다.

아주 최근에도 아르메니아에서 그루지야로 이어지는 군용 도로를 달리며 차 안에서 니나 치하이제라는 가수의 노래를 들었다. 그 사람은 그루지야의 국민 가수라 할 수 있다.

여러 곡을 듣다보면 어느 노래나 다 비슷하게 느껴진다. 아마도 외국인이 일본의 엔카를 들을 때에도 모두 비슷하게 들릴 것이다.

하지만 자꾸 듣다보면 음악에 담긴 마음의 숨결을 느낄 수 있게 된다. 니나 치하이제의 노래를 듣고 있자니 나까지 가슴이 뜨거워졌다.

멋진 음악은 국경을 넘는다. 국경을 넘어 사람의 마음을 하나로 만든다.

그리고 음악을 들으면 사회의 저변에서 울고 있는 사람이 어느 나라에나 많이 있다는 것을 알 수 있다.

나는 몽골 민요를 들으며 그런 생각을 했다.

'대중의 생활을 보고 가치관을 공유하는 데에서부터 장사가 시작된다.'

그래서 외국에 가면 가능한 한 그 지역 사람의 집에 묵는다.

그렇게 해서 그들의 문화와 생활을 경험한다.

상대와 협상을 할 때는 상대에 대해 알고 있어야 한다. 외국인과 협상할 때 일본인의 발상으로 해서는 못 이긴다.

그 나라의 문화를 이해하지 못하면 장사는 불가능하다. 이것이 40년간 세계를 방랑한 내 지론이다.

방랑 생활을 하는 사람에게 호텔에 묵을 돈 같은 것은 없다. 하루 지출을 5달러 이하로 정해 놓았으므로, 신세를 지게 해 줄 만한 각국의 일본인 거주자를 조사해서 미리 편지를 보내 놓고 가서 묵는다.

브라질의 마나우스에서는 마에다 씨라는 사람의 집으로 찾아갔다.

내가 브라질에 간 최대의 목적은 굽이굽이 굽이치는 아마존 강과 그 주변에 펼쳐진 정글의 사진을 찍는 것이었다.

마에다 씨의 남동생은 냉장고 수리업을 했고, 형님은 브라질 여자와 결혼해서 아이 둘을 두고 있었다. 6세쯤 되는 무네오라는 아들과 3세쯤 되는 다미코라는(다미키냐라고 불렀다) 딸이었다. 나는 이 집에 딱 붙어 더부살이를 하기로 했다.

마나우스에서의 더부살이 생활은 매우 좋았다.

마에다 씨의 벗인 가키조에 씨의 소개로 농업시험소에도 갔고, 밤에는 마에다 씨의 친구 결혼식에 가서 밤늦게까지 일본인들과 술을 마시고 노래를 불렀다.

마에다 씨는 일본에서 금속 도금 기술을 들여와서 사업을 해 보고 싶다고 했다.

'일본인이 여러 곳에서 살려고 애쓰는구나' 하고 깊이 감동했던 기억이 난다.

상파울루에 갔을 때에는 히가시혼간지(東本願寺)라는 일본 절의 별원에 주지로 있던 오타니 노승의 집에 찾아 들어갔다.

아마존에서 상파울루로 돌아와 묵을 곳이 없어서 어찌할 바를 모르던 중, 어려운 일이 있으면 찾아가라며 친척이 소개해 주었던 상파울루의 히가시혼간지 별원을 떠올렸던 것이다.

노스님은 흔쾌히 나를 받아들여 주셨고, 매일 바둑을 두면서 법화와 오타니 탐험대 이야기를 들려주셨다.

오타니 탐험대란 20세기 초에 정토 진종 혼간지 파 제22대 법왕 오타니가 중앙아시아에 파견한 학술탐험대로, 실크로드 연구에 큰 업적을 세웠다. 실은 노스님도 대원 중 한 사람이었다.

"왜 방랑 여행을 하는 거냐?"

"세계를 돌며 견문을 넓히고 싶습니다."

내가 그렇게 대답하면 "눈을 감으면 어디에든 갈 수 있어. 진정한 여행이란 마음을 자유롭게 하는 거야"라고 가르쳐 주셨다.

방랑의 마지막 순서로 인도에 가기로 결심했는데, 그건 노스님이 "인도에 가면 혼이 뒤흔들려 진정한 세계가 보이기 시작한다"라고 말해 주셨기 때문이다.

이렇게 신세를 지면서 서로 마주보고 이야기를 나눈 것이 나의 재산이 되었다.

책이나 잡지에서 얻은 지식과 내 눈으로 직접 보고 들은 이야기는 전혀 달랐다.

나의 비즈니스는 자원국과의 거래이므로 현지의 광산이나 정련공장에 가야만 일이 된다. 그리고 현장의 시선으로 물건을 사들이는 것이다.

문화를 모르면 그 나라에서 장사를 할 수 없다는 게 내 생각이다.

현지에서의 커뮤니케이션을 소중히 여겨야 한다는 것이 '방랑 백수' 시절에 배운 교훈이다.

책상 위에서 이것저것 생각해 봤자
대체로 실패한다

정보 소스는 '현장·현물·현실'의 3현주의

나는 미디어 정보로 비즈니스를 하려고 해서는 안 된다고 생각한다.

정보를 쉽게 입수하는 방법으로는 신문 등 미디어를 이용하거나 인터넷 검색을 이용하는 것이 첫 번째일 것이다. 그래서 신문이나 인터넷의 정보를 근거로 사업을 기획하고 입안하는 경우가 많다.

그러나 그런 식으로 추진된 비즈니스는 잘 풀리지 않는다.

미디어나 인터넷에 올라온 정보는 이미 과거의 것이다. 돈벌이를 할 수 있는 정보를 일부러 발설하는 사람은 없을 것이다. 그런 점에서 미디어나 인터넷 상에 이미 알려진 정보는 가치가 없다.

정보 소스는 '현장 · 현물 · 현실'의 3현주의가 제일이다.

몽골의 동쪽 끝, 중국 국경에 가까운 수흐바타르 주.

끝없는 초원이 계속되는 이 땅에 몰리브덴 광산이 있다.

2개월 전에 채굴이 시작된 곳으로 외부 세계에는 존재조차 알려져 있지 않았다.

다른 나라의 희소금속 무역업자와 술을 마시다가 우연히 이 광산의 존재를 알게 되었다.

집에 돌아와서 인터넷으로 검색을 해 봤다. 이때 수많은 정보가 노출되어 있다면 이건 안 되는 거다. 왜냐하면 이미 누군가가 작업에 들어갔을 것이기 때문이다.

하지만 이 광산에 대해서는 정보가 지극히 적었다. 이거라면 전망이 있다.

남몰래 예비 조사를 하고 직접 가서 확인해 보기로 했다.

나는 곧바로 광석을 파내는

방랑 백수, 세계일주로 5천억 부자 되다

현장을 확인했다.

엘리베이터로 지하 150미터까지 내려갔다.

광산의 책임자가 채굴 현장을 안내해 주면서 "외국인 손님이 여기에 오는 건 나카무라 씨가 처음입니다" 하고 놀라워했다.

광석 채굴 현장에서는 낡은 러시아제 기계가 돌아가고 있었다. 파낸 광석을 보고 놀랐다. 함유량이 높은 몰리브덴 광석이었다. 이건 몽골의 보물이다.

'돈이 될 거야.'

해외에 나감으로써 가치관이 크게 변했다

3현주의를 몸에 익힌 것은 책에 쓰여 있는 것과 실제로 보는 것이 무척 다르다는 것을 방랑 시절에 익히 깨달았기 때문이다.

처음으로 방랑을 하러 간 곳은 소련의 모스크바였다.

나는 바깥 세계로 방랑 여행을 떠나고 나서 가치관이 크게 변해 가는 것을 느꼈다.

당시에는 일본만 빈곤하고 구미 선진국은 풍요로울 거라고 생각하여 여행을 떠난 건데, 현장에 가서 보니 전 세계 어디나 사람 사는 것은 마찬가지였다.

사회주의국가는 비인간적인 국가라고 생각했는데 실제로는 인정미 넘치는 좋은 사람들도 많았다.

'뭐든 일면만을 보고 판단하는 건 잘못된 거야.'

그렇게 나의 시야는 넓어져 갔다.

대 목장주가 되는 사람도 있고, 몇년 만에 무일푼이 되는 사람도 있다

예를 들어 브라질 농장의 생활은 풍요롭고 멋질 거라는 막연한 기대가 있었다.

내가 브라질을 목표로 한 것은 브라질에서 장사를 해 봤던 삼촌의 영향이 컸다.

어린 시절, 삼촌은 정월과 추석에 우리 집에 와서는 "시게오, 브라질에 가라. 브라질은 살기 좋아" 하고 거듭 말했다. 술을 마시면 마실수록 브라질에 대한 이야기뿐이었다. 그런 이야기를 매년 두 번씩, 대학생이 될 때까지 들었다.

내가 대학에서 농학부에 들어간 것도 삼촌의 영향이다. 브라질은 농업 기술을 갖고 있으면 문제없이 바로 갈 수 있었기 때문이다.

그런 가운데 나는 브라질의 농장은 파라다이스 같을 거라는 이미지를 갖게 되었다.

그런데 실제로 가본 브라질의 농장은 지극히 소박했고, 비참한 곳도 많았다.

나는 상파울루의 히가시혼간지 별원 주지인 오타니 노승의 안내를 받아 가와이 목장을 방문했다. 목장은 컸고, 복장주인 가와이 씨는 브라질의 이주지에서 '파젠데로'(대농장주)라고 불렀다. 일본의 농촌을 뛰쳐나온 많은 이민 청년들에게 파젠데로가 되는 것은 최고의 꿈이었다.

브라질 이주자 중에는 크게 성공하여 말을 수만 마리씩 가진 대규모 목장주가 된 사람도 있지만, 한편으로는 커피 농원을 시작했는데 가뭄 등으로 흉작이 거듭되어 몇년 만에 재산을 모두 잃어버린 사람도 수없이 많았다.

먹고 살 수 없어서 어딘가의 대농원에 입주노동자가 되고, 먹고 살기 위해 빚도 진다. 그다음엔 빚이 늘어나서 벗어날 수 없게 된다. 대농원 한쪽 구석의 작은 오두막에 많은 식구들이 들어앉아 죽을 때까지 일을 해야 한다. 이런 사람들이 상당수 있다는 것이다.

일본 정부는 달콤한 말로 이주를 권했으나, 이주자의 생활이 어렵게 되었을 때 지원을 하는 일은 없었다고 한다.

이주지의 일본인 이주자는 일본이 2차 세계대전에서 패전하기 전부터 자기 힘으로 열심히 애써온 사람들이다.

일본에서 온 이민자들은 대부분 상파울루에 정착했지만 중부 브라질에 이주한 사람도 적지 않았다. 이주자 중 목축 농가는 코룸바시 교외에 정착했는데, 일부 가족은 북부 매트그로소 주에도 와서 살게 되었다.

가와이 목장의 경우 초기 개척 조건이 어려워서 이민이라기보다는 기민(棄民)이라고 해야 할 생활이었다고 한다.

이주지의 생활은 며칠간 머물 때는 풍요로운 인상을 줄 수도 있지만, 실제로 거기서 장기간 생활을 하자면 상당히 힘들다. 신세를 졌던 가와이 목장도 고생 끝에 성공한 이주자였다.

브라질에서 성공한 사람의 그늘

오타니 노승은 성공하기까지 매우 오랜 세월이 걸렸던 가와이 목장의 노정에 대해서, 그리고 초기에 있었던 가슴 아픈 사건에 대해서 이야기해 주었다.

가장 혹독했던 것은 풍토병과의 싸움이었다.

아마존의 토메아스에서는 흑사병(페스트)이 유행해서 많은 일본인이 죽었고, 매트그로소에서도 풍토병으로 역시 많은 사람들이 고생했다고 한다.

도시에서 멀기 때문에 좋은 약을 구하기 힘들었고, 의사가 없어서 귀중한 생명을 잃어야 했다.

가와이 씨의 집에서는 장남이 겨우 10세 때 풍토병으로 죽었다.

게다가 다음 해에는 네 번째 아기를 임신한 부인이 난산 끝에 임신중독증으로 죽었다.

귀중한 노동력을 유지하기 위해 이주자의 아내는 평균 네 명 정도의 아이를 낳았는데, 임신한 상태에서도 일이 바빠 도시로 나가 의사의 정기검진을 받을 수 없었다.

가와이 씨의 부인은 만전을 기하기 위해 예정일보다 일찍 도시의 병원에 가려고 했지만 일이 바빠져서 못 갔다.

도시에서 멀리 떨어져 있었기 때문에 의지할 만한 의사도 와 주지 못했다.

가와이 씨의 성공의 그늘에는 그런 비극이 있었다.

그런 이야기를 듣고 나니 가와이 씨 가족의 명랑한 얼굴을 보는

것이 거꾸로 괴롭게 느껴졌다. '가와이 씨에 비한다면 나는 얼마나 편하게 살고 있는 것인가.'

가족이 많은 불행과 슬픔을 함께 나누며 살아남았던 것이다.

헤어질 때 나는 가와이 씨에게 제대로 감사 인사조차 할 수 없었다. 덕분에 여러 가지 귀중한 체험을 할 수 있었지만, 일본에서 지내던 생활과 너무나도 낙차가 커서 적절한 감사의 말을 찾을 수가 없었다.

어머니가 눈을 뽑고 아버지가 손을 절단하는 인도의 충격

방랑 여행의 마지막 행선지는 인도였다.

'인도에 가면 혼이 뒤흔들려 진정한 세계가 보이기 시작한다'는 오타니 노승의 말이 나를 그리로 이끌었다.

나는 일본을 출발할 때에는 말끔한 차림새였지만, 방랑의 끝으로 가면서는 점점 홈리스처럼 되어갔다. 인도에 도착했을 때 소지품은 달랑 누더기 같은 주머니 한 개뿐이었다. 도시의 부랑자나 다를 바 없었다.

인도에 도착하자마자 달리트(불가촉천민)의 아이들이 내 주위에 빙 둘러서서 돈을 구걸했다. 이런 아이들이 있다는 이야기를 듣기는 했지만, 실제로 보니 그 참상은 내 예상을 훨씬 뛰어넘는 것이었다.

돈을 조르는 아이들의 한쪽 눈은 파여 없었고 양손은 절단되어 있었다.

어머니가 눈을 파내고 아버지가 손을 절단한다. 달리트의 부모는 아이가 살아가기 위해 필요한 도움을 아무것도 줄 수 없다. 아이들은 어디까지나 자신의 힘으로 구걸을 하여 연명해야 한다.

인도에서는 구걸과 물건을 베푸는 행위는 기브 앤 테이크의 관계에 있다. 즉 달리트의 아이들은 부자에게서 돈을 받는 대신 상대에게 뭔가를 줘야 한다.

달리트의 아이들이 부자에게 줄 수 있는 것은 우월감과 동정심이다.

그래서 어머니는 아이들의 눈을 뽑고 아버지는 아이의 양손을 절단한다.

일본인의 입장에서 보자면 용서할 수 없는 행위지만, 그렇게 하지 않으면 아이들은 부자에게서 동정을 받을 수 없어 앉은 자리에서 죽음을 기다려야 한다.

부모의 잔혹한 행위는 아이에게 연명할 가능성을 열어 주는 하나의 방법이었다.

물도 마시지 않는 단식에 도전! 공중에 붕 떠오르는 것 같은 감각을 맛보다

인도 동부에 있는 부다가야는 석가모니가 깨달음을 얻었다고 하는 불교 최고의 성지다.

나는 여기에서 사흘 낮 사흘 밤을 단식하면서 몇 번이나 좌선을 했다. 지도해 준 사람은 야마다 젠쇼 스승과 사사이 슈레이 스승이었다. 사사이 스승은 약 1억 5000만 명의 달리트를 불교도로 개종시킨 인도 불교계의 리더다. 사사이 스승의 이야기는 다른 기회에 꼭 한 번 쓰고 싶다.

방랑 생활을 하며 제대로 먹지도 못해 배가 홀쭉해진 데다가 한술 더 떠 단식을 했다.

지금쯤 위가 작아졌을 테니 한 번 더 단식을 하는 거다.

물도 마시지 않고 단식을 했다. 이 방식은 7일이 한계라고 들었다. 물을 마시면서 하는 단식은 1개월 정도 할 수 있다고 한다.

단식을 계속하는 동안 몸에서 쓸데없는 것이 빠져나가서 몸도 마음도 정화되어가는 느낌이 들었다.

기분이 고요히 가라앉고 때로는 빛에 휩싸이는 것 같은 감각을, 또 때로는 몸이 공중에 붕 떠오르는 것 같은 감각을 맛보았다.

'이거 굉장하군.'

지금 생각하면 러너스 하이(마라톤을 할 때 일정 시간이 지나면 몸이 가벼워지고 머리가 맑아지면서 경쾌한 느낌이 드는 것을 말한다. 역자 주)와 같은 상태였다고 생각한다. 도파민이나 아드레날린 같은 쾌락물질이 뇌 안에 흘러넘친 것이리라.

그건 어쨌든 정신적 고양이었다. 지금도 부다가야에 가면 왠지 정신이 고양된다.

인도 자이나교의 행자가 전신에 바늘을 꽂고 걷는 것을 본 적이 있다. 옆에서 보고 있자니 아플 것 같아 나도 모르게 얼굴을 돌리고 말았는데, 본인은 아픔을 느끼지 않는다고 한다. 정신적으로 하이

상태일 것이다.

이처럼 상상을 초월한 경험을 쌓았던 것이 나의 의식을 크게 바꿨다.

무슨 일이든 내 눈으로 확인하지 않으면 안 된다. 미디어의 정보와 현장에서의 진실은 다르다.

그러므로 신문에도 인터넷에도 정보가 없는 광산으로 발걸음을 옮겨 내 눈으로 직접 확인한다.

바로 얼마 전에도 몽골 지질학자의 안내를 받아 한 곳을 방문했다. 거기서 지표에 나와 있는 돌을 닦아보니 돌에 몰리브덴이 섞여 있는 것을 확인할 수 있었다. 그 땅 밑에는 희소금속이 섞인 광석이 대량으로 묻혀 있을 가능성이 높았다. 나는 거기서 광산 개발을 시작했다.

무척 큰 도박이지만 그 도박 속에 로망이 있다. 그 로망을 추구하는 사람이야말로 '방랑 백수'인 것이다.

그리고 도박에 이기는 데 필요한 귀중한 정보는 '현장·현물·현실'의 3현주의로 조달한다. 이것이 철칙이다.

05

큰 배에 타는 것보다, 나와 함께 작은
해적선을 타보지 않겠는가

+++ 같은 타입의 수재들만 있는 회사로는 내가 목표로 하는 희소금속 개발 사업을 할 수 없다. 개성파 만으로 사원을 구성해야 한다. 내가 필요로 하는 것은 스피드, 개성, 다양성, 전문성 등 네 가지 요건이다.

팀을 만든다면
'1인 1기'의 다기능 집단을

스피드, 개성, 다양성, 전문성

AMJ를 만들 때 내가 이상으로 삼은 것은 '사나다 10용사'였다. (전국시대 무장 사나다 유키무라를 추종한 열 명의 가신. 역자 주)

같은 타입의 수재들만 있는 회사로는 내가 목표로 하는 희소금속 개발 사업을 할 수 없다. 개성파만으로 사원을 구성해야 한다. 내가 필요로 하는 것은 스피드, 개성, 다양성, 전문성 등 네 가지 요건이다.

AMJ의 콘셉트는 사원 한 명 한 명이 프로페셔널하되 서로 간에 다양성이 있을 것. 이것은 '사나다 10용사'와 통하는 바가 있다.

초리에서 독립할 때 나는 당시의 부하 직원 앞에서 이렇게 말했다.

"가라앉는 타이타닉호에 타느니, 나와 함께 작은 해적선으로 옮겨 타서 꿈을 이루지 않겠는가."

그러자 모두가 새 회사로 와 주었다. 그중에는 '반쯤 눈을 가린

채 태워졌다'고 말하는 사람도 있지만…….

모두라고 해 봤자 겨우 열 명밖에 안 됐지만, 나를 따라 준 그들은 하나같이 개성이 강한 병사들이었다.

사장 겸 영업부장인 나를 필두로, 10년 이상 이 분야의 일을 해 온 사토미는 말하자면 '사나다 10용사' 중에서 운노 로쿠로와 같은 두뇌 명석한 최고참 참모로, 분석력을 지닌 수재다.

미즈사와는 사나다 저택의 연락책이고 폭탄 제조의 천재인 모치즈키 로쿠로와 같은 타입이며, 관리 부문을 맡았다.

요시나가는 힘도 있고 활도 쏠 줄 아는 가케이 쥬조 타입의 올라

운드 플레이어.

고니시는 닌자(忍者) 사루토비 사스케만큼이나 민첩하다. 원숭이 말은 아니지만 여러 가지 언어를 공부하며 부지런히 세계를 날아 여기저기 돌아다니고 있다.

진은 이가 유파(伊賀流派)의 전설적인 닌자 모모치 산다유에게 인술의 비법을 전수받은 기리가쿠레 사이조처럼 재능이 넘치는 수재다.

미시노는 쇠뭉치 낫과 창의 달인인 유리 가마노스케처럼 뭐든 해내는 천재 기질의 사무라이다.

후르커트(우즈벡인)는 미요시 세이카이 뉴도에 비유할 수 있는데, 애교가 있으며 여성에게는 상냥한 호걸 캐릭터로 AMJ의 명물 직원이다.

그 동생뻘인 라하만(카자흐인)은 미요시 이사 뉴도를 닮아 굳세기 그지없는 호걸 타입이다.

조금 나중에 들어온 미리아리(위구르인)는 해적 출신 네즈 진바치를 닮은 미남이다.

이네무라는 총과 승마술의 명인인 사나다의 가게무샤(적을 속이기 위해 대장과 같은 모습으로 가장해 놓은 대역 무사. 역자 주) 아나야마 고스케 같은 타입인데, 기술 분야의 아이디어뱅크다.

이중에서 중견사원 네 명을 소개하겠다.

요시나가 팀장은 최근 들어 남미뿐 아니라 아프리카에 매료되어 있다. 고베 외대 시절에 남미에서 '방랑 백수' 경험을 한 서퍼(surfer)로 붙임성 있는 인품을 갖고 있으며 벽지(僻地)에서의 거래를 맡고 있다. 올해 들어 해외 청년 협력단 출신 신입사원(아프리카 대륙을 돌아다니며 에이즈 박멸 운동을 펼친)이 부하로 들어왔으니 더 큰 힘을 보여줄 것으로 기대된다.

고니시 팀장은 북경에 유학하여 중국어를, 카자흐스탄에 유학하여 러시아어를 익혔다.

합리적 사고를 하며 시스템을 중시하는 타입이다. 일을 지나치게 열심히 해서 혼기를 놓치지 않을까 조금 걱정된다.

진(중국실장)은 중년 킬러로 유명하다. 올해 들어 고향인 내몽골에서 결혼식을 했는데 일본에서 그의 거래처 팬들이 달려갔다. 결혼식은 중국의 단골이나 친척을 모두 합쳐 300명이 넘는 하객이 모여들어 사흘간 계속됐다. 언뜻 보면 냉정해 보이지만 실은 뜨거운 가슴을 가진 남자로 두터운 의리가 그의 매력이다.

니시노 팀장도 러시아에서 유학 생활을 했다. '방랑 백수'다. 지금은 유라시아 대륙을 돌아다니는 천재 트레이더로 성장했다.

그는 잔기술을 구사하지 않고 정공법을 구사하는 타입이다. 늘 고객의 입장에 서서 생각한다. 보통 사람은 도저히 못 따라가는 러시아인의 변덕을 기꺼이 따라가 주는 걸 보고 있자면 심리학을 전공한 게 아닌가 하는 생각도 든다.

러시아인은 자금 조달 문제와 관련해서 끊임없이 어려운 난제를 꺼내곤 하는데, 그가 설득하면 신기하게도 문제가 해결된다.

나는 어떤가 하면, 사나다 유키무라가 된 기분으로 작지만 천하를 쥘 작정이다.

내 멋대로 사원을 사나다 10용사에 비유한 것이 실례가 될지도 모르겠으나, 각각의 장점을 키워서 종횡무진 활동하게 하고 있다.

'1인 1기'에 이질적인 것이 뒤섞인 팀이야말로 우리 회사가 가진 활력의 원천이다.

'아마존 8인'은 '자아 찾기' 여행을 하는 몽상가들

방랑 시절에는 이질적인 게 섞여 들어오기 일쑤였다.

1972년 3월 초, 아마존 하류 최대의 항구 베렌에 도착하여 한 달에 서너 번밖에 없는 마나우스행 배를 기다렸다.

여기에 일본인 '방랑 백수' 여덟 명이 모였다.

저격병이 되고 싶어 하는 베트남 지원병 서브는 미국에서 5년간 살았고 나이는 서른 살쯤이었다. 전쟁을 좋아하는 그는 베트남 전쟁에 지원하면 미국 국적을 얻을 수 있다고 했다. 일본도를 갖고 다녔는데 위험하기 그지없어 보였다.

서브의 짝궁인 폭격대 데츠는 마찬가지로 미국에서 5년간 살았고 지금은 남미를 방랑 중. 로스엔젤레스에서 멕시코계 애인이 기다리고 있다고 하며 스페인어를 잘했다.

도모타는 복서 낙오자로 4회전 보이였다.

미국을 경유하여 이곳저곳을 떠도는 중이었는데, 미국에서 한 번 더 복싱에 도전해 보고 싶다고 했다.

돗토리에서 온 유는 호주를 경유하여 브라질로 왔는데, 안경을 끼었고 키가 큰 데다 비실비실하고 말랐다. 아버지는 고등학교 선생님이라고 했다. 호주에서는 워킹 홀리데이로 일하면서 영어 공부를 했다고 한다.

데시가하라 잇짱은 학생운동을 했던 모양인데, 취직자리가 없어서 세계를 방랑하기로 마음먹었다고 했다. 언뜻 봐서는 학생운동 투사라기보다는 기회주의자 타입으로밖에 안 보였다. 몸은 큰데 기는 좀 약했다.

우거지수염은 권법의 달인이다. 가라테, 태권도, 소림사 권법 등 뭐든 할 줄 안다. 낮에는 일식집에서 일하는 것 같았고, 의외로 견실한 사고를 가진 사람이었다.

테리 닛사토는 학생운동을 하다 낙오한 학생이다. 바르셀로나에서 리우로 가는 배 안에서 알게 된 방랑자로, 우연히 3개월 동안 아마존에서 함께 지냈다.

거기에다가 히피라고 불린 나까지, 이렇게 여덟 명이 아마존에 집결했다.

'방랑 백수' 여덟 명은 생각도 신조도 제각각이었고 늘 논쟁을 벌이곤 했지만, 공통된 것이 있다면 모두가 아직 '자아 찾기' 여행을 하고 있는 몽상가라는 점이었다.

어떤 의미에서는 어느 시대에나 있는 '불거져 나온 자들'이었다.

베렌에서 마나우스로 가는 7일간의 아마존 강 횡단 여행은 이런 친구들 덕분에 지겹지가 않았다.

항해 중에 베트남 지원병 서브가 배 안에서 일본도를 휘두르는 큰

소동을 일으켰다. 내가 선장에게 "나쁜 뜻은 없어요. 어떻게 좀 봐주세요" 하고 중재를 해서 다행히 무마가 되었다.

그날 서브는 하룻밤 동안 독방 같은 데에 수감되었고, 다른 일본인들은 완전히 지쳐서 곯아떨어졌다.

배 밑바닥에 축 늘어져서 잠을 자면 정신적으로 지친다. 아마존의 배에서는 해먹을 매달고 자는 것이 보통인데, 1주일 동안 계속 그렇게 자다 보면 척추가 휘는 것 같다.

배 밑바닥에서도 자봤는데 너무 더럽고 벌레가 기어 다녀서 결국에는 해먹을 매달고 잘 수밖에 없었다.

배 안에서 연회도 열었다. 핑거주(카샤사. 브라질산 럼주. 역자 주)라는, 냄새가 지독한 브라질 소주를 마시면서 노래와 춤으로 남아도는 젊음의 힘을 발산했다.

'남극 월동대'와 같은 다양성이 중요

'팀을 만든다면 1인 1기의 다기능 집단이 좋다'는 것은 내 지론이다. 그런 생각은 고등학교 때부터 있었다.

고등학교 선배 중에 니시호리란 사람이 있었다.

니시호리 씨는 제1차 남극 월동대(1957년) 대장을 한 것으로 유명하다.

그는 남극 월동대 대원들은 처음에는 사이가 나빴다고 했다.

종전 직후에 식량 사정이 나빴을 때 전국에서 서로 다른 능력을 지닌 사람들이 모였다.

니시호리 대장의 특수 능력은 나침반과 콤파스 없이도 방향을 알 수 있다는 것이었다. 방향감각이 뛰어났던 것이다.

이것이 결정적 요인이 되어 많은 후보자 중에서 특별히 발탁되었다.

그 밖의 대원들도 더치와이프(성욕 처리용 고무 인형)를 가지고 온 사람이 있는가 하면 개 훈련 전문가도 있는 등, 여러 가지로 잡다한 특징을 갖고 있었다.

더치와이프를 가지고 온 사람이 있다는 이야기에 예산을 대 주던 당시의 문부성 사람이 눈썹을 찌푸렸으나, 니시호리 대장은 "뭐든 하고 싶은 대로 해라" 하며 세세한 것에 대해서는 간섭하지 않았다. "개성이 풍부한 녀석이 전쟁이 났을 때 강하다"라며, 개성 없는 대원은 팀에서 제외시켰다.

유연성이 뛰어난 사람, 포용력이 큰 사고를 하는 사람, 어느 쪽이든 각자의 분야에서는 비교우위를 차지하는 사람들만 모였다고 한다.

이질적인 사람들이 모여 서로 협력하는 것이 매우 중요하다는 발상을 하게 되면 자연히 포용성을 중시하게 된다.

포용성이란 자신과는 다른 존재, 다른 가치관을 인정하는 것이다.

즉 이질적인 사람들의 협력은 개개의 사원이 지닌 포용성 위에 성립된다.

그러므로 개개의 사원이 포용성을 지니는 것은 매우 중요하다.

나는 아무리 능력이 뛰어나고 아무리 학력이 높아도 포용성이 없는 사람은 높게 평가하지 않는다.

남의 생각을 얼마나 이해할 수 있는지, 남의 아픔을 얼마나 이해할 수 있는지 등으로 그 사람이 구축할 수 있는 인간관계의 폭이 결정되고, 그 사람의 인간성, 개성, 인간적 매력이 결정된다.

포용성을 지니기 위해서는 인생 경험을 많이 쌓아야 한다.

특히 세계 방랑이 가장 손쉽고 빠른 길이다. 많은 가치관을 아는 길이 포용성으로 이어지는 길이다.

미국 DDT 공장에서 실감한
'외국에서 일한다는 것'

전 세계에서 수많은 아르바이트를 전전하다 죽을 뻔한 적도

AMJ 영업의 반은 중국, 중앙아시아, 몽골, 러시아 출신의 외국인이 맡아 한다.

사내에는 다양한 언어가 날아다닌다. 사원들을 각각의 강점에 따라 최적 배치하여 이질적인 사람들끼리 같은 테마를 놓고 씨름하게 한다.

외국인이 일본에 와서 일하는 것은 어쨌든 고생스럽다. 나는 '방랑 백수' 시절에 미국에서 외국인으로 일해 봤기 때문에 그 고생을 안다.

1년 좀 안 되게 브라질에서 지내고, 그 후에 남미를 돈 후 멕시코를 경유하여 미국으로 갔다. 처음에 브라질에 갔을 때에는 브라질로 이주할까도 생각했지만, 1970년대의 브라질은 정치가 혼란스러웠고 뇌물이 횡행하는 나라였으므로 내가 일하며 살 곳으로 삼기에는 좀 문제가 있다고 판단했다.

그래서 세계 경제를 견인하기 시작한 자본주의 대국 미국을 보러 가기로 했다.

나의 아파트는 로스엔젤레스의 멕시코인 거리 한가운데에 있었는데, 마약 중독 환자가 어슬렁거렸으며 범죄도 많았다.

여기서 성인학교에 다니면서 일을 했다.

성인학교란 고등학교에 진학하지 못한 사람들을 위한 학교다. 거기서 공부를 했는데, 성적은 늘 톱이었다. 아마도 일본인이라면 누구라도 톱이 될 수 있을 것이다. 그 정도로 학생들의 수준이 낮았다.

거기서는 일거리를 잡아도 일본인 취업 알선인에게 삥땅을 뜯기기 일쑤였다.

창고 청소나 접시닦이, 슈퍼마켓 점원, 베이비시터를 한 적도 있었다.

비교적 재미있었던 것은 '잭 인 더 북스'라는 햄버거 가게의 야간 근무였다.

성인학교가 끝나고 집에서 조금 쉰 다음 출근하여 밤 11시부터 아침 7시까지 일했다.

당시는 카펜터스의 〈탑 오브 더 월드〉가 유행했고, 베트남 전쟁과 워터게이트 사건으로 미국이 흔들리던 시절이었다.

햄버거 가게는 멕시코인 거리의 위험지역에 있었다. 불량 청소년이 유리를 깨고 안으로 진입해 들어오는 사건이 일어나서 죽을 뻔한 적도 있었다.

결국 '목숨이 먼저, 그다음이 일'이라는 생각에 일자리를 바꾸기로 했다.

다소 위험한 일이라 해도 폭력 사건에 휘말려 목숨을 잃을 수 있는 일보다는 낫다.

한동안은 부정기적인 아르바이트를 했는데, 제대로 된 일을 하고 싶어서 이것저것 구인 광고를 찾아봤다.

미국에 대한 탐험은 이미 어린 시절에 시작됐었다.

초등학교 시절, 여름방학이 되면 식물원 탐험을 갔다.

식물원이라고 했지만, 실은 미군 헌병대가 관리하는 치외법권구역을 가리키는 말이었다. 그곳은 일본 안에 있었지만 미국 그 자체였다.

미국이라는 나라는 나에게 동경의 대상이요 탐험의 대상이었다.

일반 일본인은 당연히 그 구역 안에 들어갈 수 없었지만, 나는 초등학교 3~5학년 무렵이었기 때문에 아무렇지도 않게 입구까지 가서 "기브 미 초콜릿" 같은 말을 한 적도 있다.

부모님께서는 그 근처에는 가지 말라고 하셨지만, 그런 말을 들으면 들을수록 악동들과 함께 탐험하러 가는 것이 즐거웠다.

이 식물원에는 여름이 되면 투구벌레와 사슴벌레가 무척 많았다.

새벽 4시 반. 아직 어두울 때 안에 들어간다. 경비가 한 시간이나 두 시간마다 오는데, 그 틈을 이용하여 철조망 밑의 땅을 파서 만든 지하도를 통해 잠입했다.

투구벌레는 얼마든지 잡혔다.

그러던 어느 날.

미군 경비병과 마주쳤다. 즉시 숨었지만 그들도 프로다. 바로 발각됐다.

우리는 부리나케 도망쳤다.

뒤에서 탕 하는 소리가 났다. 총성이었다. 경비를 서던 헌병이 쏜 것이다.

돌아볼 여유도 없었다. 또 쐈다. 어쨌든 필사적으로 도망쳤다.

그들은 두 발을 쐈다. 공포였는지, 하늘을 향해 쏜 것인지, 아니

방랑 백수, 세계일주로 5천억 부자 되다

면 조준을 하고 쏜 것인지는 알 수 없었다. 우리가 만약에 총에 맞아 죽더라도 불법 침입자를 쐈다는 것으로 끝났을 테니 목숨을 건 투구벌레 포획 작전이었다고 하겠다.

그 이후, 아직 어린 나이였지만 '왜 일본 땅에 미국인이 들어와 있는가'라는 생각을 하게 되었다.

일본인은 무엇을 위해 사는가. 앞으로는 무엇을 해야 할까. 그러한 질문을 늘 자신에게 던지곤 했다.

체중 50킬로그램짜리 남자가 50킬로그램짜리 DDT 봉지와 격투

미국에서 직업을 찾다가 미국인의 평균 보수 이상을 받는 자리를 찾았다.

DDT(유기염소계 살충제·농약)를 제조하는 '몬테로자케미컬코퍼레이션'이라는 화학약품 회사의 작업장이었다.

학교는 아침 8시부터 오후 3시. 학교를 마치고 오후 4시부터 12시까지 DDT 제조 공장에서 일했다.

시급이 3달러 85센트였으니 주 5일에 154달러를 벌었다. 월급으로 치면 위험수당을 포함하여 1000달러. 미국 비즈니스맨의 평균 급료 이상이었고 환율도 높았기 때문에 달러 베이스로 쳤을 때 일본 비즈니스맨의 배 이상을 번 셈이다.

그러나 공장에서의 노동은 그만큼 힘들었다.

브라질을 방랑한 끝에 미국에 들어왔을 때 나의 체중은 50킬로그램이었다.

일본을 떠나올 때는 60킬로그램이었는데, 먹는 둥 마는 둥 하는 생활을 계속하다보니 깡말라 버렸다.

DDT 공장에서는 오로지 DDT를 봉지에 담고 그것을 한곳에 쌓아 올려 패킹 박스를 만드는 일만 했다.

미국 국내에서는 이미 사용이 금지된 DDT를 남미로 대량 수출하고 있었다.

봉지는 한 개에 50킬로그램이었다. 그것을 한 단, 두 단, 세 단까지 쌓아올린다.

마지막 네 단째는 가슴께 높이가 되므로 역도를 하는 거나 같았다. 작업을 두 시간 동안 계속 반복했다. 처음에는 20분쯤 일하고는 뻗어 버렸었다.

육체적인 고통이나 괴로움은 극복할 수 있었지만, 정신적인 괴로움은 자존심 때문에 그 뒤끝이 남는 법이다.

솔직히 말해서 당시 미국에서는 동양인을 '옐로우 몽키'라고 부르는 등 차별이 심했다.

체력 승부이므로 나의 노력은 일반 종업원의 배 이상이었다.

네 사람이서 한 팀을 이루어 일했는데, 주변에는 100킬로그램이 넘는 프로레슬러 같은 남자들뿐이었다. 내 두 배 이상의 크기다.

레슬러들에게는 50킬로그램짜리 봉지 따위는 일도 아니었을 테지만, 나는 내 체중과 같은 무게를 들어 올려야 했다. 20대 초반의 젊은 시절이었기에 가능했던 일일 것이다.

처음으로 '벗의 배반'을 경험! 마음이 꺾이다

같은 시간대에 일하는 동료 중에 중서부에서 로스앤젤레스로 일하러 온 짐이라는, 나보다 몇 살 어린 백인이 있었다.

그는 185센티미터의 키에 덩치도 커서 50킬로그램짜리 봉지를 드는 건 일도 아니었지만, 자주 땡땡이를 치곤 했다. 상습적으로 마리화나를 피웠는데, 일하는 중에도 피우곤 했다. 일에 대한 의욕도 없어서, 그가 땡땡이를 치는 바람에 일이 늦어지는 일이 잦았다.

나는 '어쩔 수 없군' 하고 짐의 몫까지 일했다. 내 작업만으로도 힘에 부치는데, 짐의 작업량까지 하자니 아무래도 일이 지체됐다.

팔은 저려 오고, 다리와 허리는 후들거리고, 차차 뇌의 산소가 부족해지는지 머릿속이 새하얘졌다.

마침 그때 현장감독이 왔다.

짐은 아무렇지도 않은 얼굴을 하고 "일이 늦어지는 건 일본인 시게 탓이야"라고 말하는 것이었다.

몇 번이나 같은 일이 일어났다. 나는 정말 화가 났다.

"이봐, 뭘 하는 거야! 작업이 전혀 진전되지 않잖아!"

감독의 화난 목소리가 울려 퍼졌다.

그때 마침 짐이 돌아왔다. 짐은 감독의 얼굴을 보고, 그리고 내 얼굴을 봤다. 순식간에 상황을 파악한 듯했다. 그리고는 나를 가리키며 이렇게 말했다.

"이 녀석 탓이에요. 이 녀석이 늘 땡땡이를 쳐요. 내가 혼자서 계속 하는데요, 이 녀석이 땡땡이를 치니까 금방 일이 밀려요."

현장감독은 나에게 차가운 시선을 보내며 "성실하게 해"라고 말하고 사라졌다.

나는 마음이 꺾였다.

"용서하지 않을 거야, 짐. 이번에 전쟁을 하게 되면 너를 제일 먼저 해치울 거야."

짐은 "미안, 미안. 진심으로 그런 건 아니야. 그렇게라도 말해야지, 어쩔 수 없잖아"라며 눙쳤다.

그 후로 그와는 말도 하지 않았다.

내 체력이 달리는 것도 일이 늦어지는 원인 중 하나였기 때문에 하루라도 빨리 일에 익숙해지고, 조금이라도 더 체력을 길러서 어떻게든 난관을 극복해 보려 했다.

여러 번 같은 일이 반복되었어도 친구를 파는 것은 비겁한 행위이기에, 나는 보스 앞에서 매번 "우리 팀이 책임질 일이니까 어떻게든 개선하겠다"고 하면서 그 자리를 수습했다.

그러나 신뢰하던 사람에게 배반당했는데 화도 안 내고 냉정하게 있을 수는 없었다.

며칠 후, 짐이 땡땡이를 친 채 도무지 자리로 돌아올 기미가 보이지 않자 주위의 동료들이 나를 도와줬다.

그 자리에 보스가 왔다. 보스는 짐이 없는 것을 보고 "어떻게 된 거야?” 하고 나를 질책했다. 내가 가만히 있자 주위의 동료들이 도움을 줬다.

“땡땡이치는 건 짐이에요. 시게는 나쁘지 않아요. 오히려 열심히 노력하고 있어요.”

미국이라는 곳은 흑백이 분명한 곳이다.

다음날, 짐은 다른 자리로 옮겨졌다.

그리고 다른 파트너와 일하면서부터는 일이 늦어지는 일이 없었다.

비자 없음, 빽 없음, 학력 없음, 숙소 없음, 체력 없음, 돈 없음의 ‘쓸모없는 놈’

3개월이나 일을 하니 사내에서도 얼굴이 알려졌다.

그 시절, 나에게는 소셜 시큐리티 카드와 운전면허밖에 없었다. 나는 비자 없음, 빽 없음, 학력 없음, 숙소 없음, 체력 없음, 돈 없음의 여섯 박자를 다 갖춘 없는 신세인 정말 ‘쓸모없는 놈’이었고, ‘조만간 그린카드를 받아서 미국 국적을 따고야 말겠다!’라는 생각이 유일한 위안거리였다.

아메리칸 드림에 빠져 들어간 것이다.

그 기간 동안 나는 일에 허덕이면서 외국인 노동자의 쓰라림을 온몸으로 배웠다.

일본인이 일본에서 일하는 거라면 자신에게 맞는 일을 찾거나 적당히 일하며 넘어가는 여유를 가질 수 있다.

하지만 외국에 나가면 그 나라에 익숙해지기 전까지는 그렇게 되지 않는다.

지금 우리 회사에는 수많은 외국인 사원들이 있다.

그들이 일본에 왔을 당시의 이야기를 들으면 그야말로 '오늘 하루는 어떻게 끼니를 때우나' 하는 근심의 연속이었다. 정말로 고생이 심했다.

라프만이라는 사원이 있는데, 그는 정말 우수하고 교양도 풍부하고 영어, 러시아어, 위구르어, 일본어, 중국어, 터키어, 카자흐어, 우즈벡어, 키르기스어 등 아홉 개 나라 언어를 자유자재로 할 줄 아는데도 일본에서는 그 능력을 발휘할 자리가 없었다.

채용시험에 계속 낙방하여, 나중에는 먹을 것조차 떨어져 매일 물만 마셨다고 한다.

마지막으로 어쩔 수 없이 파친코 아르바이트 면접을 보러 갔다. '파친코 일이라면 하게 해 주겠지'라고 생각했다고 한다.

그런데 "너 같은 외국인에게 줄 일은 없어" 하고 문전박대를 당했다.

그때는 정말로 마음이 꺾였다고 한다.

나는 라프만의 마음이 충분히 이해되었다.

타국에서는 능력이 있어도 일자리를 잡는 게 쉽지 않다. 일본에는 아직 외국인이 재능을 온전히 발휘할 수 있는 회사가 많지 않다. 어떤 회사에서는 외국인에게는 아예 일을 주지 않는다고 한다.

하지만 함께 일을 하는 데 일본인이냐 외국인이냐는 상관없다. 나는 팀을 이루는 기본을 '인간 존중'이라고 생각한다. AMJ에서는 사원에게 일을 맡길 때 능력만을 본다. 외국인 사원들은 "그래서 좋다"며 호평이다.

성적 꼴찌는
매년 잘린다!

왜 AMJ를 그만두면 사원은 행복해지나

AMJ에서는 가장 성적이 나쁜 사람을 매년 한 명씩 그만두게 한다.

나는 입사 면접에서 이 사실을 알리고, 그럴 각오가 된 사람만 채용한다. 매년 최소 한 명인데, 실적에 따라 두세 명이 그만두기도 한다.

나에게서 "너는 내년 말이면 해고야"라는 말을 들은 사원은 1년간 필사적으로 달린다.

하지만 불만을 토로하는 사원은 한 명도 없다. 그건 그들이 정말로 프로를 지향하고 있기 때문이다.

어쩌면 내가 잘릴지도 모른다.

나도 성적이 바닥으로 떨어지거나 큰 실수를 할 수도 있다. 그렇게 되면 잘린다. 그 정도로 나 자신에게도 채찍질을 하며 일한다.

아무리 사장이라도 경영 판단을 잘못해서 회사가 적자로 전락하게 되면 깨끗하게 물러나야 한다.

나는 사원들에게 "이렇게 해라, 저렇게 해라" 하고 말하지 않는다.

사원 스스로 목표를 내걸고 일을 한다.

열심히 한 사람은 얼마든지 급료, 보수가 늘어난다. 열심히 하지 않으면 늘지 않는다.

프로야구를 포함하여, 모든 프로의 세계는 다 그렇다.

'그래도 노력했는데 불쌍하지 않느냐. 좀 더 기회를 주자' 하는 분위기가 있다면, 그건 대기업병으로 나아가는 제1보다. 나는 "노력한 것에 대해 칭찬할 수는 있지만, 보수는 노력했다고 주어지는 것이 아니다"라고 반복해서 말한다.

나는 입사한 사람에게 반드시 말한다.

"사람의 가치관에 정해진 건 하나도 없다. 자네가 이 회사에서 활약을 하게 될지, 일이 잘 풀리지 않게 될지는 해 보지 않으면 모른다. 그러니, 자, 즐겁게 하자고. 단, 하나만 기억해 두게. 성적이 가장 나쁘면 자네는 그만두는 게 좋아. 닭의 머리가 될지언정 소의 궁둥이는 되지 말라고 하지 않나. 자네의 능력을 더 잘 발휘할 수 있는 곳으로 가라고."

그만두게 된 사람에게는 그 사람에게 적합한 새로운 회사를 소개해 준다. 그래서 결국은 모두가 행복해진다.

나는 그만둔 사람들과도 지금까지 모두 만나고 있다. 회사를 그만

됐다고 해서 인연이 끝난 것은 아니다.

상대가 싫다고 해도 굳이 만나서 함께 밥을 먹거나 술을 마시거나 한다.

사람에게는 나름대로 좋은 데가 반드시 있다는 것이 나의 신념이다. 그래서 우리 회사를 그만두게 한 사람들도 정기적으로 만난다.

그리고 AMJ에는 회사를 그만뒀다가도 의욕이 생기면 부활시키는 룰이 있다. 성적이 나빠서 그만뒀던 사람도 거절하지 않는다.

이러한 룰 때문에 세 번이나 입퇴사를 반복한 사원이 있을 정도다. 즉 세 번이나 같은 배를 탔다는 이야기다.

허비 행콕과의 재회

여행도 인생도 만남과 이별의 반복이다.

지금까지 대략 90개국 정도를 돌아다녔는데, 의외의 장소에서 아는 사람과 마주치는 일이 잦았다. 그런 장소로 오르세 미술관이나 루브르 박물관이 있다. 중국 친구, 일본 기업 거래처 부장 등을 몇 번이나 만났다.

해외에서 몇 번이나 같은 사람을 만난다는 것은 그 나름의 의미가 있다고 생각한다.

노르웨이의 나르비크에서 몰데라는 곳까지 히치하이크로 가서 북구의 재즈 페스티벌에 참가한 적이 있다.

나는 당시 니콘 카메라를 갖고 있었다. 니코매트 FTN이라는 명

기다. 그것을 매우 소중하게 메고 모던 재즈 잡지 기자를 사칭하여 그 안에 잠입했다.

가장 좋은 기자석으로 가서 덱스터 고든이나 허비 행콕 등 재즈계의 톱플레이어들을 찍을 수 있었다. 두 사람 다 두 번째 만남이었다. 덱스터 고든은 앞서 이야기했던 뉴욕의 빌리지 뱅가드에서 연주했었다. 테너 색소폰 소리를 다시 만났을 때는 가슴이 떨릴 만큼 기뻤다.

한편 허비 행콕은 30년 후 도쿄에서 만났다. 허비는 1960년 이후로 재즈계를 리드해 온 재즈 피아니스트로, 70세를 넘은 지금도 톱플레이어로 연주 생활을 계속하고 있다.

우연히 내 친구가 허비와 아는 사이였다. 그는 호텔 오쿠라의 스위트룸에 묵고 있었는데, 라이브 후에 그의 방까지 함께 가서 식사를 하고 술을 마셨다.

북구의 재즈 페스티벌 등 이 이야기 저 이야기를 하면서 분위기가 무르익었다. 내친김에 내가 단골로 다니는 라이브 하우스로 허비를 데리고 갔다. 그곳의 마스터는 늘 자기 가게의 명연주를 자랑했었다.

"진짜 허비 행콕이야?"

마스터가 놀랐다.

"그래. 내가 노래를 한 곡 불러 주지."

참으로 사치스런 이야기인데, 허비가 나를 위해 피아노 반주를 해 줬다. 허비의 연주와 내 목소리는 키 높이가 맞지 않아 몹시 괴로운 열창이 되었지만, 잊을 수 없는 추억이다.

'방랑 백수 3인조' 사흘간 라면만 먹으며 미국을 횡단하다

'방랑 백수' 시절에도 수많은 만남과 이별을 경험했다.

미국 방랑도 거의 끝나갈 무렵, 로스앤젤레스에서 뉴욕까지 사흘간 논스톱으로 차를 달려 가는 미국 횡단 여행에 나섰다.

동승자는 사치다, 오자와, 나, 이렇게 '방랑 백수 3인조'. 한 사람은 운전을 하고, 다른 한 사람은 조수를 하고, 나머지 사람은 잠을 잔다. 이렇게 여덟 시간 교대제로 66번 도로를 달리는 것이다. 오클라호마에서 동해안을 향하여 달려 최종 목적지인 뉴욕까지 간다.

사치다는 DDT 공장에서 함께 일한 동료로 나에게 성인학교와 일자리를 소개해 주는 등 큰 호의를 베풀어 준 친구다.

사치다의 드라이브 목적은 뉴욕에서 직장을 찾는 거였다.

일을 해서 돈이 모이면 한동안 애틀랜틱시티에 머물고, 그 뒤에 시카고, 샌프란시스코를 경유하여 귀국할 거라고 했다. 사치다는 큐슈의 어느 대학 교육학부 출신으로, 장래에는 선생님이 되고 싶다고 했다.

오자와는 로스앤젤레스에서 산 지 3년이 되는 고참이었다. 오마에사키의 어부 집 아들인데 로스엔젤레스의 일본계 기업에서 아르바이트를 했었다. 하숙하고 있는 펠로우십 하우스에는 여행자보다 일본에서 온 유학생들이 많았고, 일본계 회사원도 상당수 있었다.

나는 1년 가까이 머문 로스앤젤레스에서의 생활을 끝내고 인도를 경유하여 귀국할 예정이었다.

그러기 위해서는 우선 유럽으로 가야 했다.

DDT 공장에서 모은 3000달러로 3개월 기한을 잡고 유럽에 갔다가 중근동, 인도, 동남아시아, 그리고 홍콩을 경유하여 일본으로 돌아갈 예정이었는데, 늘 그랬듯이 가난한 여행이라는 데에는 변함이 없었다.

셋 다 일본을 떠나와서 몇 년이 흘렀는데도 아직 '자아 찾기'의 '방랑 백수' 생활을 계속하고 있었다.

서로 다른 목적을 지닌 세 사람이 함께 탄 차는 오자와의 마쓰다 카페라였다. 1500cc밖에 안 돼서 '이런 작은 차로 뉴욕까지 갈 수 있을까?' 하는 불안함이 있었다.

처음에는 하이웨이를 달리지만 중간에는 울퉁불퉁한 길과 자갈길이 있고, 계절도 12월이라 눈도 올 것이다.

하지만 '이것저것 따지지 말자. 어떻게든 될 거야' 하며 출발하기로 했다.

하루 세 번, 같은 치킨 라면으로 공복을 다스리다

운전을 하다 보면 어쨌든 배가 고파지는데, 먹을 것은 인스턴트 라면뿐이었다. 사치다는 일본인 거리 한가운데에 있는 '모듬 푸드 마켓'이라는 슈퍼마켓에서 근무했는데, 슈퍼마켓에 작별 인사를 하

러 갔더니 점장이 "이걸 가져가라"며 라면 120개를 선물로 줬다고 했다.

그 라면을 포에브스 버너로 끓여서 먹었다.

캘리포니아에서 네바다로 들어가 아리조나로.

파랬던 하늘은 뿌옇게 흐렸고, 좁은 길 양쪽에 눈이 쌓여 있었다.

12월의 눈보라가 치는 그랜드캐넌 계곡 사이를 봅슬레이처럼 미끄러지며 달렸다.

눈보라가 쳐서 라면도 차 안에서 끓였다.

차 안에서 뜨거운 물을 끓이면 차 유리가 뿌옇게 흐려져 밖이 안 보이게 되고 일산화탄소 중독이 될 위험성도 있어서, 어쩔 수 없이 영하 10도의 추위를 무릅쓰고 창문을 연 채 덜덜 떨며 라면을

끓였다.

라면은 옛날부터 먹어온 치킨 라면.

20대 젊은이들은 식욕이 왕성하여 한 사람이 한 번에 세 봉지씩을 먹었다. 하루 세 번 같은 라면이니 질릴 만도 하지만, 가난한 여행자들이라 레스토랑 같은 것은 꿈도 꿀 수 없었다.

사흘 만에 미국 횡단 달성!
한 사람이 스물일곱 봉지, 셋이서 여든한 봉지를 먹어치우다

죽음을 서두르는 것 같은 여행이었지만, 실은 자신의 목적을 찾는 여행이었다.

나와 사치다와 오자와는 3인 3색의 인생을 이끌고 있었다. 셋 다 대학에는 적만 두고 있었는데, 그런 것에 연연하지 않고 찬스가 있으면 미국 국적을 따겠다고 하는 전형적인 '방랑 백수'였다.

방랑을 오래 하다 보니 머리가 몽롱해져서 뭘 찾아 어디로 가는지조차 생각할 기력이 없었다.

지금 생각하면 미국에서는 8개월쯤 머물렀지만 기억에 남는 것은 DDT 공장에 관한 일뿐, 그 밖의 것은 잘 생각나지 않는다. 그건 당시의 내 정신 상태 탓만이 아니라 미국이라는 나라가 너무 다양해서였는지도 모른다.

잊고 싶어도 잊을 수 없는 것이 딱 하나 더 있다.

라면의 맛이다.

매일 라면 아홉 봉지를 먹다 보니 이틀째 되는 날에는 토악질이 나서 '모텔에라도 묵고 싶다'는 마음이 들었지만, 우리는 처음에 결정한 '사흘 동안 미국 횡단'이라는 목표를 오기로라도 달성하기로 했다.

결국 뉴욕에 도착할 때까지 라면을 한 사람 앞에 스물일곱 봉지, 셋이서 여든한 봉지를 먹어치웠는데, 그 후로 한동안 인스턴트 라면은 입에도 대지 않았다.

뉴욕에 도착하자, 우리 셋은 예정대로 헤어졌다.

겨우 사흘간이었지만, 셋 다 그 여행이 영원히 계속될 거라는 느낌으로 달렸다.

그러나 이별의 시간이 되어 미국하고도, 친구들하고도 안녕이라고 생각하니 묘하게 감상적인 기분이 되면서 적막감이 덮쳐 왔다.

'유연·겸손·파워'의 '상선약수'(上善若水)가 '방랑의 묘미'

방랑은 기본적으로 혼자 하는 여행이다.

혼자 하는 여행은 마음 편하고 자신의 생각대로 할 수 있지만, 그런 반면 위험도 따른다.

또 혼자서 여러 가지로 자연을 즐기는 건 좋지만, 그걸 함께 나눌 사람이 없는 것은 외롭다.

물론 방랑 중에도 만남은 있다.

페루의 쿠스코에 갔을 때 전철 안에서 미국인 마이크와 만났다. 그때는 몸 상태가 안 좋기도 해서 함께 여행을 했다.

마이크가 아는 저널리스트 부부가 쿠스코 시내에 있는 집에서 파티를 열었다.

마이크는 이 파티에서 젊은 미국인 여성과 알게 되었다. 그는 아무래도 그 여성에게 반했던 모양이다.

버스로 리마까지 돌아오는 동안, 마이크는 말수가 줄었다.

"안 되겠어. 나는 다시 쿠스코로 갈 거야."

마이크는 리마에 도착하자마자 그런 말을 남기고 비행장으로 달려갔다. 그리고는 다음 번 비행기로 쿠스코를 향해 돌아갔다.

두 사람이 하는 여행은 그 나름대로 재미가 있지만, 단지 외로움 때문에 여행 도중에 만난 친구와 함께 하는 여행은 대체로 사흘을 넘기지 못한다.

워낙에 사는 방식, 사는 모습에 까다로운 녀석이 혼자 여행을 하는 법이기 때문이다.

처음 한동안은 상대의 의견을 이해하고 타협하려고 하지만 결국에는 어딘가에서 충돌한다. '문경지우'(刎頸之友)라도 오랜 시간 함께 있으면 어딘가에서 부딪히고, 부부라도 어차피 타인이므로 여러 가지로 마음에 안 드는 면을 보게 된다.

특히 여행지에서는 같은 호텔방을 쓰면서 금전 감각이 다름을 느끼게 되거나, 매일 얼굴을 마주하며 이야기를 하는 사이에 상대의 언동이나 태도에 진력이 나는 경우도 자주 있다.

'아마존의 8인' 같이 어느 정도의 집단이 되면 싸움이 일어나지는 않지만, 둘이서 여행을 하다 보면 나는 오른쪽이라고 생각하는데 상대가 왼쪽으로 가려고 할 경우가 있다. 이럴 때는 억지로 함께 갈 필요가 없다. 서로 다른 길을 가는 것이 자연스럽다.

록 크라이밍에서는 파트너와 암묵적인 양해를 한다.

한 사람이 추락했을 때 도울 수 있는지 없는지를 록 크라이머는 안다. 도울 수 없을 경우, 파트너를 놔둔 채 그 자리를 떠나도 원망하지 않는다. 우정의 한계를 아는 사람들 사이의 암묵적 양해인 것이다.

어떤 의미에서 여행과 인생은 같아서, '소매가 스치는 것도 전생의 인연'이라고 생각해 두면 좋을 것이다.

그러니 다른 사람의 인생에 흙발로 들어가는 일은 없어야 한다. 타인이 내 삶이나 여행 스타일에 참견을 하는 것도 참을 필요는 없다.

'상선약수'라는 노자의 말이 있다. 물은 사각 그릇에 담으면 사각형이 되고 둥근 그릇에 담으면 둥글게 된다. 그렇게 유연하다. 그리고 물은 겸손하여 스스로 낮은 곳으로 온화하게 흐르며 사람의 마음을 치유하지만, 빨리 흐르면 단단한 바위도 부서뜨리는 파워가 있다.

유연 · 겸손 · 파워. 이러한 요소를 갖춘 삶이 이상적인 삶이다.

'상선약수'는 여행에도 맞아떨어진다.

혼자 하는 여행이든 둘이 하는 여행이든, 이 '상선약수'라는 인연으로 맺어진 삶의 모습이 중요하다고 생각한다.

인연은 서로가 존경하면서 절차탁마하는 데에서부터 출발해야 한다.

여행지에서 사람을 만나고 헤어지는 것은 당연한 일이다. 회사를 경영하다 보면 여기서도 역시 사람이 드나든다. 경기가 좋다고, 또는 나쁘다고 일희일비할 필요는 없다.

'상선약수'의 유연성을 가져야 한다.

경기가 좋아서 돈을 벌어도 겸허함을 잊어서는 안 된다. 또한 막상 어려운 일이 닥쳤을 때에는 전 사원이 일치단결하여 '바위도 깨는 파워'를 발휘하면 된다.

그렇게 하여 최종적으로는 가치관을 공유할 수 있나 없나 하는 데까지 함께 나아갈 수 있어야 인생도 여행도 재미가 있다고 하겠다.

'오른손에 주판, 왼손에 로망, 등에는 가방'에서 '조용히, 남몰래, 확실하게'로

나는 일을 할 때 15년을 하나의 단락으로 생각한다. 그 15년을 처음 5년, 중간 5년, 마지막 5년으로 나눈다.

예를 들어 일본의 경우 명치유신은 15년 걸려서 달성됐다.

처음 5년은 대정봉환(1867년 11월 9일, 일본 에도 막부가 메이지 천황에게 국가 통치권을 돌려준 사건. 역자 주)에 의한 '충격의 5년', 10년째까지는 페번치현(지방 통치를 담당했던 번을 폐지하고, 지방통치기관을 부(府)와 현(縣)으로 일원화하여 중앙정부가 통제한 행정개혁. 역자 주)에 의한 '반성의 5년', 마지막 5년은 문명개화로 '장래의 포석을 놓는 5년'이었다.

AMJ의 키를 잡고 나서도 마찬가지였다.

AMJ가 출발한 것은 2004년 1월이었다. 2009년으로 첫 5년이 끝난다.

그럼 첫 5년은 무엇이었을까.

나 개인의 이야기를 하자면 샐러리맨에서 경영자로의 대 전환이었다.

이 5년은 샐러리맨 시절에 비하면 세 배쯤 농밀했다.

보통의 샐러리맨이 갑자기 경영자가 된 것이므로 모든 것이 새로운 도전이었다. 30여 년 동안 영업에서 톱을 달려왔지만, 경영자가 된 후로 5년 동안 이룬 성장이 더 컸던 것 같다.

모험 없이 안전한 승부만 하려 들면 얻을 수 있는 이익도 줄어든다. AMJ에서는 나를 포함하여 모든 사원이 모험 의지를 가지고 일해 왔다. 다소의 손실이 있어도 결과적으로 그것을 상회하는 이익을 내면 된다는 생각을 하면서, 상처 입는 것을 꺼리지 않는 도전을 계속해 왔다.

그 결과 연간 매출액이 1년째에는 79억 엔, 2년째에는 135억 엔, 3년째에는 270억 엔, 4년째에는 무려 340억 엔이 되었다.

5년째에는 금융 대공황 때문에 약간 떨어졌지만, 불황이야말로 기회라고 생각하여 공격적으로 사업을 벌이고 있다.

겨우 5년밖에 지나지 않았지만, 다음 5년은 무엇을 할까.

지금은 마음이 붕 떠 있지만 분명히 과거 5년과는 다른 5년이 기다리고 있을 것이다.

우리 사원들도 크게 다시 태어났을 것이다. 과거 5년은 성공했지만 앞으로는 어떨까.

세계적인 경제위기도 일어났다. 내가 보는 바로는 이번 경제 위기는 2008년부터 시작되었으니, 이 '붕괴의 5년'은 적어도 앞으로 3년은 더 계속될 것이다.

그 속에서 살아남기 위해 필요한 요소는 무엇일까 생각해 보면 유연성과 다양성과 비교우위가 아닐까 한다.

우선 유연성을 가져야 한다. 그러려면 매사를 일방적으로 단정하여 생각하지 않아야 한다.

빙하기에 맘모스가 살아남을 수 없었던 것은 유연성이 없었기 때

문이다. 그렇게 강건하고 거대한 몸을 갖고 있었건만, 지구의 기후 변화에 유연하게 대응할 수 없었다.

그때 살아남은 것은 인류였다. 빙하기가 오자 해안선이 극단적으로 멀어졌고, 육지의 대부분이 얼음으로 뒤덮였다.

그에 따라 동식물도 급격히 줄어들어 수렵 채집 생활을 하던 인류는 큰 타격을 입었다.

인류의 조상은 인류가 되기 전에는 수상생활을 했고, 빙하기의 환경에서 지상생활을 시작했으며, 두 발로 보행을 시작하면서 인간이 됐다는 것이 통설이다.

그런 인간은 빙하기가 오자 동굴로 들어가 불을 피우는 등 스스로 지혜를 사용하여 몸을 덥혔다.

두 번째가 다양성이다. 우리 회사에는 다양성이 절대로 필요하다. 대기업병에 걸린 회사의 사원들은 모두 같은 발상으로 같은 일을 하게 된다.

하지만 우리 회사의 사원들은 다양성을 갖고 있다. 사원은 남자도 좋고 여자도 좋고 게이라도 좋다. 물론 외국인이라도 좋다. 비슷한 사람이 두 사람 있으면 성적이 나쁜 쪽은 잘린다.

우리 회사에 아주 비슷한 타입인 부장과 그 부하가 있었다. 좋게 말하면 사이가 좋았지만, 나쁘게 말하면 미지근한 관계로 무엇이든 대충 봐주고 의견이 달라도 대충 넘어가니 아무것도 생겨나지 않았다. 그래서 나는 이 두 사람을 떼어 놓았다.

부장은 과장으로 강등시켰다. 부하 쪽에는 강렬한 성격의 부하를

붙였다. 상사는 강렬한 부하에게 재촉을 받으면 움직이기 시작한
다. 그래도 안 된다면 이 사람은 내년에 해고다.

비슷한 타입이 모여서 '그럭저럭' 일하면 편하다. 마음 편히 회사
에 와서 여유롭게 나날을 보내고 급여를 받는다. 대기업은 그래도
지탱이 될지 모르지만 중소기업은 그래서는 어렵다.

세 번째는 비교우위다. 사람은 누구나 다 약점이 있으며, 그게 출
발점이다.

아무리 유연성이 있어도 약한 것은 약한 것이다.

하지만 그때에도 자신이 상대보다 우위에 서 있으면 된다.

약점을 인정한 다음에 자신의 강점을 살리는 전략·전술·전투를
만든다.

쉽게 말하면 자신의 장점을 신장시키는 전략이다.

예를 들어 비즈니스를 스스로 시작할 수 있는 사람은 적다. 전체
의 20퍼센트도 안 될 것이다. 새롭게 창업을 한 사람도 일반적으로
남들이 닦아놓은 비즈니스를 한다.

이때 외부 환경이 변했는데도 선배가 했던 방식을 되풀이하다가
는 망하고 말 것이다.

그렇게 장사가 잘 안 될 때 스스로 고생함 없이 남의 것을 이어받
아 사업을 하는 사람은 흔히 "가격이 안 맞아서 못 팔아요"라든가
"품질이 좀 떨어져서요" 등의 변명을 한다.

우리 회사에서는 그러한 변명을 잘하는 사람은 해고다.

내 과거 경험으로 말하자면, 변명을 잘 못하는 녀석 쪽이 반드시

더 크게 성장한다.

그럴 때 유연성을 갖고 있는 사람은 한 방향으로만 생각하지 않고, 예를 들어 '품질이 나빠서 안 팔리는 게 아니야. 뭔가 팔 방도를 궁리하면 팔리지 않을까?' 하고 궁리하기 시작한다.

지금 같은 시대라면 조령모개는 대환영이다. 사내에서는 "조령모개를 더 해라" 하며 장려하고 있다.

"나카무라 씨는 말하는 게 자꾸만 바뀌어서 못 따라가겠어요"라는 사람이 있으면 "바보 같은 소리. 죽자고 머리를 짜서 생각하는데, 아침에 말하는 것과 저녁에 말하는 것이 다른 게 당연하지"라고 대답한다.

이 눈부시게 변하는 시대에는 아침과 저녁 사이에도 비즈니스 조건이 완전히 바뀐다.

아침에는 어떤 메이커로부터 안정적인 공급이 있다는 조건 아래 계획을 세웠는데, 저녁때가 되어 그 메이커의 입장이 변했다면 이쪽 전략도 변하는 것이 당연하다.

전 사원이 자기 능력 이상의 목표를 세우고 바빠지자

유연성과 다양성과 비교우위를 갖고 있어도 개인플레이만으로 내달리면 개인 상점 경영과 다를 게 없어진다.

개인 상점은 아무래도 우물 안 개구리 식 발상을 하다가 남에게 비판을 받게 되기 쉽고, 그에 반발하여 '동료에게 쓸데없는 설교를 하기 또한 쉽다.

요컨대 폐쇄적인 데다 상당히 한가하기 때문에 자꾸만 타인의 행동에 간섭하고 싶어지는 것이다.

이것을 해결할 묘안은 하나밖에 없다.

모든 사원이 자기 능력 이상의 목표를 세워서 바쁘게 일하는 것이다.

바쁜 척하자는 게 아니다.

향상을 위한 노력을 시작하면 모르는 것투성이가 되기 때문에 동료에게 물어서라도 한정된 시간 안에 과제를 해결해야 한다.

동료도 또한 나에게 물어오기 때문에 시간을 쪼개어 써서 과제를 해결해야 한다.

뭘 부탁할 때 한가로운 사람에게 부탁하면 해결되는 일이 없다. 바쁜 사람에게 부탁하는 쪽이 해결될 확률이 훨씬 높다는 건 경험으로도 알 수 있다. 이질적인 성원 사이의 협력이 가능한 조직은 활력이 있다. 각각의 전문분야나 생존영역도 자연스레 생겨나기 때문에 저절로 서로 존경하는 풍토가 만들어진다.

그것을 서로 받쳐 주는 건 가치관의 공유다. 팀 내에서 고립되어서는 자기실현이 불가능하므로 자연히 팀원들 사이에 대화도 늘어난다.

중요한 것은 서로 간의 인간 존중 정신이다.

'이질의 협력'만큼 효과적인 방법은 없다. 같은 타입의 인간이 끼리끼리 모이는 조직은 절대로 만들어서는 안 된다.

조직을 붕괴시키는 건 간단하다. '바보들의 담합', '똑똑한 이들의 질시'가 있는 회사는 최단시일 내에 최고속도로 붕괴한다.

조용히, 남몰래, 확실하게

AMJ의 어제까지의 표어는 '왼손에 주판, 오른손에 로망, 등에는 가방'이었다.

올해부터는 '조용히, 남몰래, 확실하게'로 바꿨다.

4, 5년 걸려 폭등해 오던 자원 인플레도 리먼 쇼크 후 반년 만에 급락했다. 산이 높으면 계곡도 깊다.

그러나 중국이나 러시아의 자원 내셔널리즘, BRICS를 필두로 하는 신흥국의 수요 증가는 일과성으로 끝나는 것이 아니므로 앞으로도 이 패러다임 시프트는 계속될 것이다.

그리고 자원 인플레는 반드시 다시 일어난다.

그 타이밍과 희소금속 57종의 우열을 지켜보면서 대승부의 시기를 기다리고 있다.

물론 하이브리드 카, 리튬 전지 분야에서의 경쟁은 지금도 격화되고 있다.

러시아의 텅스텐 광산 확보와 조인트 벤처 공장의 건설, 대체 원소 연구 등 일본을 위해 우리가 할 수 있는 일을 위해서는 앞으로도 적극적으로 도전할 것이다.

자, 첫걸음을 내딛자

나날이 결전!

'방랑 백수'의 여행길에서 돌아와 26세에 상사에 들어갔을 때 "상사란 무엇입니까?"라고 선배에게 물었더니 "상사란 고급 요정이야"라는 대답이 돌아왔다. 그리고는 계속해서 "손님의 요구에 응하려면 '고급'이 아니면 안 돼. 즉 상사는 지식집약형 산업이면서 산업의 오거나이저니까 초일류를 목표로 해야 돼!"라는 것이었다.

상사맨으로서 '술·도박·여자'의 삼박자를 갖춘 초일류를 지향하되, 인간적 매력과 지적 호기심이 넘치는 사람이 상사의 리더가 될 수 있다고 믿고 일해 왔다.

나의 경우, 뭐가 어찌됐든 간에 몸이 못 버텨서 '여자'는 사양했으나 '술' 쪽은 잘했다.

술을 조금만 덜 마셨다면 지금쯤 벌써 집 두세 채는 지었을 거라고 생각할 정도로 마셨다.

　그리고 '도박'에 대해서 말하라면 일 그 자체가 도박이었다고 생각하고 있다.

　'나날이 결전'이라고 생각하고 목숨을 걸고 일했다.

　그리고 내가 가진 중요한 자산인 인간적 매력이나 지적 호기심은 지금 돌아보면 내가 '방랑 백수'였기에 가질 수 있었던 것 같다.

첫걸음을 내딛자

뭔가를 얻기 위해서는 뭔가를 잃어야 한다.

거꾸로 뭔가를 잃으면 뭔가를 얻는다.

나는 내가 원하여 '방랑 백수' 생활을 했다.

덕분에 사회생활의 출발은 늦었지만, 대신 '공감력과 정열'을 얻었다.

물론 내가 좋아하는 것을 한 만큼 가족이나 주위 동료에게는 폐를 끼쳤을 것이다. 특히 아내에게는 미안했다.

그래도 나는 내가 믿고 좋아하는 것을 포기하지 않고 계속해 왔다.

나는 지금도 '방랑 백수'의 삶을 자신 있게 권한다.

젊지 않다 하더라도 결코 늦지 않았다.

책상 위에서 이것저것 생각만 할 것이 아니라 일단 행동을 하고 보는 거다.

그렇게 첫걸음을 내딛는 것이다.

자신이 믿고 좋아하는 것을 포기하지 않고 계속하다보면 뭔가가 실현된다. 결코 포기하지 않는 삶에는 패배가 있을 수 없다.